再難過，
也終會度過

吳若權

自序

弄懂三個「知道」
陪你從「難過」到「度過」

每一顆渴望幸福的心，都可能擱淺，
但只要擁有決心、願意學習、找到方法、付諸實踐，
不僅「知道」，而且「做到」，
所有再難過的時刻，最後也終會度過。

若要問我，從二、三十歲到現在，最深的體會是什麼？我只想與你分享，花了三十年才得到的領悟：人生中，必須早點弄懂的三個知道。

第一個知道：千金難買早知道。

這個「知道」裡，含有許多後悔莫及的遺憾。很多處理事情或人際關係的智慧，

並非一定要遇上了才開始想辦法解決，這樣的起步太晚，也來不及了。

青春，之所以可貴，在於無法回頭。為了避免後悔，你應該提早弄懂該知道的事情。原來，生命中的每個事件或人際關係，都是可以透過預習而熟練的。即使是生手，也能像老手般，處理得游刃有餘。

第二個知道：明明知道，卻沒做到。

沒錯，這是最重要的「知道」。如果你沒辦法「做到」，就浪費了所有的「知道」。而且，你還可能無法原諒自己。倘若因為不知道而沒做到，大不了就是從頭學習，下次就可以順利過關；反之，明明「知道」卻沒有「做到」，你將會處在懊惱與後悔中，與所有已經來到眼前的機會失之交臂。

從「知道」到「做到」，是天下最遙遠的距離。

大多數的人都以為光是知道就好了、就夠了。這是一種傲慢，必然會帶來悔恨。只要你願意趁年輕的時候，徹底放下「知道」的身段，謙卑而踏實地去學習，就能很快抵達「做到」的境界。並且把「做到」養成一種自然而然的習慣，心就不會為此罣礙了。

《心經》裡有一句話：「無智亦無得」，講的就是這個道理，當你真正做到以後，明明知道，卻像從來不知道一樣，隨時都可以讓自己歸零，重新學習。

第三個知道：以為你都知道。

這是人際關係裡，最大的溝通障礙，尤其很容易發生在關係親密的人之間。無論是我很愛你，或是我很氣你，若沒有透過言語或行動溝通清楚，光是猜想「我以為你都知道」，或是更狂妄地堅持「我認為你應該都要知道」，只會讓彼此的距離愈來愈遠，各自愈來愈寂寞。

及早放下「我以為你都知道」的預設立場，主動積極讓別人知道你的真正想法與意見，才不會讓彼此始終在誤會中相處，相互指責對方白目。你有責任要撥雲見日，給雙方真心相見的機會。

假如我能在二、三十歲，就弄懂以上三個知道。面對許多難過的時刻，或許就能比較容易度過。每一顆渴望幸福的心，都可能會擱淺在寂寞的沙洲，但正因為我們擁有決心、願意學習、找到方法、付諸實踐，不僅「知道」，而且「做到」，於是所有再難過的時刻，最後也終會度過。當我們逐漸成熟，變成一個真正的大人，於是恍然明白：徹底解決問題的方法，最究竟的是要學會放下煩惱的智慧，隨即從此岸到彼岸，每段人生歲月，才能迎向更寬闊的天空。

起心動念開始提筆寫下這本結構嚴謹的新書，剛開始的時候，確實像是個生命中的意外，而今才又再度印證：生命的每個偶然，都是宇宙中的必然。

出版這本書的初心，是希望透過世代對話，分享我從學校畢業後到進入職場多年的人生經驗。而在書寫時的每一個篇章，都像是回到二、三十歲的時光，一切如晴川歷歷，彷彿還是昨日。

或許時光洗練愛恨歡悲，沉澱往事後容顏已老；但心靈深處內在的我，跟二、三十歲時的天真浪漫並無二致。此刻，我依然相信世間的單純與美好。即便經過許多刻骨銘心的痛苦，還是可以循著滄桑的線索中，重新找回一股青春力。

很多人問我：「是如何保養的？」我也不知該如何回答。別說是從未接觸過醫美，連日常保養都很疏懶。與其聚焦於歲月在我容貌留下的痕跡，不如聊聊從二、三十歲到現在，我對於人生的領悟。始料未及的是，感懷太多、篇幅有限，洋洋灑灑的遠渡，只能化為十萬字的告白。

《再難過，也終會度過》是我第一一四部文字作品，獻給曾經難過、或正處於難過之中的你，讓我們一起溫柔度過，遇見更知道生命意義非凡的自己。

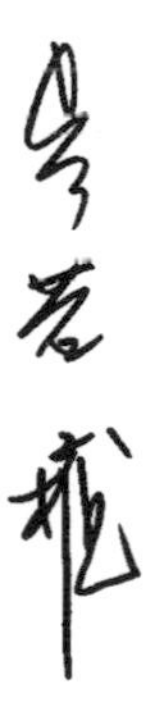

content

Part 1

關係

誰的身上沒有帶點傷

Part 2

情緒

當黑暗來襲

content

Part 3

鍛鍊

既勇敢也溫柔

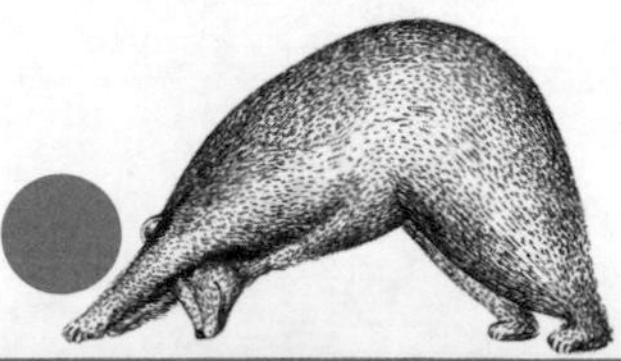

Part 4

專業

成為閃亮的存在

content

Part 5 自律

好好生活是養分

Part 6

感情

不要害怕，就去愛

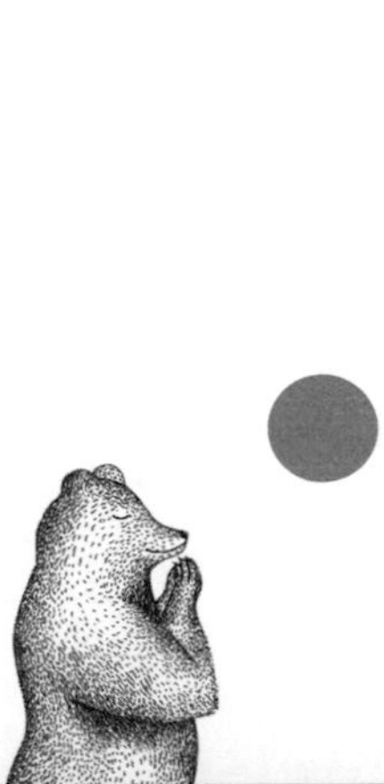

content

Part 7

未來

與自我對話

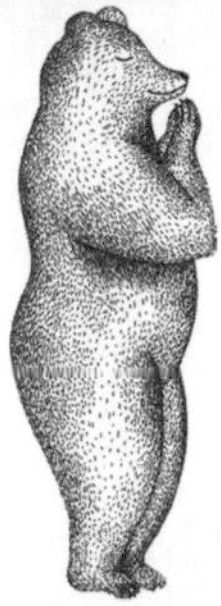

《再難過，也終會度過》趣味心理測驗

人生總有那些迷惘、不知所措的時刻，在不知不覺中成為大人的你，可知道自己難過的時候，通常是靠哪種力量支持，幫助自己度過？而你此刻又比較欠缺哪些力量，可以幫助你補強戰力呢？

現在，就出發吧！在每一關的狀況題中，憑直覺勾選答案（單選，如果多重的想法，請以最快浮現心湖的選項為優先），讀完全書後，掃描 QR code 看解答，獲取若權給你最適合的建議，終能度過每一個難過的時刻！

Part 1

關係

誰的身上
沒有帶點傷

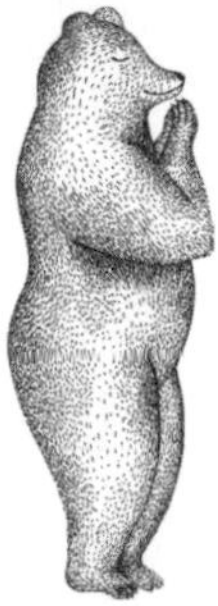

你和朋友慎重相約去尋寶，出發前一刻，
他居然臨時失約，此刻你會有什麼反應？

- ◯ A. 他究竟有什麼難言的苦衷？
- ◯ B. 只要能獲得寶藏，冒險是值得的。
- ◯ C. 一切隨緣，相信這是上天最好的安排！
- ◯ D. 問其他朋友是否能夠一起前往？
- ◯ E. 要多帶一些裝備才能勝任！

題目完成度

★☆☆☆☆☆☆

01

真誠不簡單
前提是你要夠強大

如果你討厭人際關係中的爾虞我詐，
堅持保有真誠的自我，
你一定要讓自己的內在與能力都足夠強大。

真誠，很可貴，我們都容易被別人的真誠所感動。來自朋友一句關心的問候，或得到陌生人真心的幫助，都令人覺得這個世界還是溫暖的。

可是，為什麼我們常覺得身邊的親友、辦公室的同仁、有業務往來的客戶、要推銷你購買產品的銷售員……好像不是時時刻刻、方方面面都很真誠，甚至有時候還各懷鬼胎，另有算計呢？

或許是自己個性一直很單純，總覺得這種防不勝防的感覺，實在不好受、也會讓心也很累。所以寧願天下人負我；我不負天下人。他可以險惡對我，但我仍是真誠以待。縱使看見對方心懷不軌，我依然無所防備。就算當過很多次傻瓜，被黑、被騙、被拐，就是無法跟著使壞。

直到最近這幾年，這種負面的事件和感觸，已很少再出現了。是我學聰明了嗎？還是懂得提防了？其實，好像也沒有很大的進步，唯有的改變是我認清了以下的事實。每個人的內在，都有一顆真誠的心，只不過是外在包裝的複雜程度不同。**即使你碰到全世界最險惡的壞人，若有機會來拆解他的包裝，依然能看到裡面真誠的心。**

假使他願意在你面前坦承自己的軟弱，一定會說出這個聽了令人哀傷的答案：「在人前刻意虛矯的武裝，是為了避免讓自己輕易受傷。」

原本秉持真誠待人，可是在與人接觸的過程中，不停地跌跌撞撞，甚至有人看準他的天真、利用他的善良，讓他遭受自尊的屈辱、或是財物的損失，一次又一次地受傷，便一次一次地武裝。

直到有一天，角色互換，他終於也學會，利用別人的真誠，達成自己的目的。整個險惡的人生，從此負面循環。

所以我們還能說：真誠，很可貴嗎？

因此，當你的內在不夠強大，真誠很容易遭受別人無情的踐踏。如果你厭棄複雜，討厭人際關係中的爾虞我詐，堅持保有真誠的自我，以最簡單的思維與行為，和別人相處、與世界對話，你一定要讓自己的內在與能力都足夠強大。

回顧自己的工作，各種類型都有，看似橫跨不同的職場場域。但，其實每一份工作，都有一個共同、也通用的專業技術，那就是：行銷企劃。我約是在大學二、三年級的時候，確定自己將來想要往這個方向發展。因為它可以讓我接觸到各種不同的人群、了解對方的想法，再透過有形的產品、或無形的服務，去滿足對方的需求。這些互動的過程，都很需要真誠的態度。

即便後來我的工作範圍，擴展到寫作、主持、個人生涯諮詢等，所有的工作幾乎還是與行銷企劃最核心的本質有關，那就是真誠。也因為這份對真誠的看重與堅持，犧牲過很多短期的利益，至於是否換得到長期的好處，其實也沒有把握。人生還未到盡頭也說不準，但至少我每一刻都活得心安理得。

我很明白自己討厭複雜，無力對付爾虞我詐。從二十幾歲開始工作到現在，碰到的小人和壞人多到無以數計，但我始終把較多的腦容量提撥給值得感恩的對象。

曾有資深同事忌妒我負責的專案順利成功，連夜致電主管造謠說我的壞話；有無緣的對象眼看沒機會交往，就在網路上放話說我有多輕浮；有被我認真訪問過的新創廠商，來上節目宣傳後，回去居然向他的粉絲說我這個人沒什麼才華。

這些令人難過的時刻，最後真的終會度過。只是在痛苦的時刻，確實非常煎熬。但我立志要讓自己變得更強大，要強大到根本無懼於對方的陰險，任它再怎麼強奪豪取，都無損於我對真誠的堅持。

經歷過人生很多磨難後，要繼續保持真誠，確實是困難的。就像很多歌唱選秀節目評審對於歌手的提醒：當歌唱技術磨練到某個程度，很容易因為過度練習、以及重視技巧，而變得油腔滑調。唯有莫忘初衷，才能維持真誠於險惡的江湖。

等你足夠強大，或許就可以創造一個完全不同於過去的磁場，被你吸引來的都是正向的能量，所有小人皆會退散。

#當內在不夠強大，真誠容易遭到別人無情的踐踏。

02

劃出人我界線
是爲了彼此都自在

擁有「課題分離」的辨識能力，
讓我們可以更清晰爲對方保持同理、
更長久地和對方維繫同感。

二、三十歲時，往往是人生中渴望尋找自己的階段，也因為有太多的可能，特別令人容易感到迷茫。尤其進入社會工作之後，常會為了人際關係的處理而困惑。既想要做自己，卻又發現無法完全遺世獨立於人群之外。

那時候的我，也跟現在一樣，有一顆敏感易動的心。個性隨和到非常樂意替人著想，連犧牲自己都不覺得委屈，更不會認為自己所做的舉動是在討好對方。同儕之間對於人際關係的困擾與質疑，對我來說都不是問題。

現在回想起來，這樣的傻氣，好像也是一種幸福吧？

不過，就算這麼貼心，還是會有難過到無法支撐自己的時候。例如：朋友失戀，口中嚷嚷說厭世，擔心他自殺，卻又無能為力，自己的情緒為此受到很大的影響。

之前，其他部門的同事向我傾吐，自己與主管不合等事。多次聆聽對方的遭遇，情感上支持他的感受，也陪著一起罵主管，但，理智上覺得他應該要及時做出改變，否則將永遠無法脫困。可惜他的個性十分固執，總覺得錯在主管，沒有必要改變自己。後來，他被迫離職，失業一年多都沒找到工作。

我的心情也為此糾結，因為自己並沒有真正百分之百很認同他對主管的批判，也為他不聽我的勸告而心煩。

事隔多年，類似的事情還是不斷發生。很多讀者透過網路留下私訊，傾訴各種困境；我從事個人生涯諮詢工作時，也要大量聆聽個案傾倒心情垃圾。

如今的我，個性依然敏銳，卻不再像從前容易因為他人而感到不安。或許要感謝那些令自己感到困惑的事件，讓我慢慢學會如何畫出一條清楚的「人我界線」，既能同理對方，也能保護自己。不會為此而過度感到內疚，不再無端自責。

與人相處時，尤其是自己最親近、最在意的人，中間的「人我界線」便越要清楚，這並不是自私的行為，而是要讓彼此都更自在。

反而是有了這條劃分清楚的「人我界線」，才會擁有「課題分離」的辨識能力，讓我們可以更清晰為對方保持同理、能更長久地與對方維繫同感，擁有中立而客觀的態度，幫助他走出困境，而不會一起深埋在負面的情緒中，無法自拔。

阿德勒個體心理學主張：人的煩惱，都是來自人際關係。必須要學習「課題分離」，有意識地將「他人的課題」與「自己的課題」切割開來，避免情不自禁地擔負起別人的責任，更不要逾越分際地想要替對方的人生負責。

有位讀者向我傾訴，他多年來替童年一起長大的好友承擔了很多情緒壓力，就是希望對方能有所改變。後來發現對方根本我行我素，他既失望又擔心。於是問我：「若權大哥，我該怎樣做，才能幫助他改變？」

他的苦惱來自相處時，缺乏「人我界線」。如果深入對方的情緒到想要干涉到生活細節，把自己的期待加諸在對方身上，若對方不配合改變，就會感到失望，甚至痛苦。最後還會變本加厲地想要付出更多，就逐步陷入惡性循環了。

建議在二、三十歲的階段，最好要開始學習如何劃分「人我界線」，讓彼此都知道「分際」在哪裡？以下是三個提醒，不妨想想哪些是此刻需要嘗試努力的方向：

1 切割情緒：你可以關心對方，默默地陪伴，但不要被他的情緒影響。當對方因為失戀而哭泣，你可以傾聽，但不要跟著哭成一團，咒罵他之前的交往對象。

2 停止操控：不要把自己的期望，加諸在對方身上。即使是為他好，也都不要這麼做。只要有了這樣的念頭，認為他該做出那些改變，若他不應允，你就會失望或生氣，這就是操控的開始，一定要謹慎。

3 各自承擔：你承擔你的責任，他承擔他的責任。就像父母不該為孩子寫作業；照顧生病的伴侶，你可以陪伴，但不能幫他吃藥。

劃清人我界線，真的不是為了自私、或是保護自己，而是在尊重對方的同時，讓彼此都有空間。

#不要逾越分際地替對方的人生負責。

03

被討厭的勇氣還不夠
受人喜歡也一樣重要

「勇敢做自己」的眞正意思是：要對自己的人生負責，
依照自己想要的方式生存。活著不是爲了滿足別人的期待；
也不要把自己的人生託付給別人。

自從阿德勒個體心理學被日本暢銷作家岸見一郎轉譯，並延伸為「被討厭的勇氣」之後，身邊確實多了不少「勇敢做自己」的人，但也有部分的人，根本只是「一廂情願的白目」而已。那麼，我們能分辨出這兩者之間的差別嗎？

只要仔細閱讀過岸見一郎的《被討厭的勇氣》，就會發現作者想要強調的關鍵字，比較著重在做自己的「勇氣」。如果只是聚焦於「被討厭」，而且愈來愈無視別人的嫌惡，繼續「不尊重他人」的我行我素，充其量就是個「一廂情願的白目」。到最後，不但不會被任何人喜歡，連自己都不會喜歡自己。

阿德勒個體心理學強調「勇敢做自己」，是經過深思熟慮後，對自我基本原則的固守，但也能同理別人的立場或苦衷。對自己有自信；對別人夠尊重。當自己有理想或堅持，但始終無法獲得對方的支持或理解時，不必因為怕被對方討厭而卻步。

簡單來說，「勇敢做自己」的真正意思是：對自己的人生負責，依照自己想要的方式生存。活著並不是為了滿足別人的期待；也不要把自己的人生託付給別人。若有人刻意欺負霸凌，無須忍氣吞聲，要為保護自己基本的尊嚴與權益挺身而出。

換一個角度來理解「勇敢做自己」，並非無視於對別人該有尊重，或侵害他人該有的權益後，還沾沾自喜地說：別被討厭也沒有關係。舉個例子，如果喜歡在牆上塗鴉，可以在自家牆面揮灑，即使鄰居投以奇異或質疑的眼光，只要沒有傷風害俗，就不用理會。但塗鴉的範圍，不要無限延伸到鄰居的牆面，或社區的公共空間。

自己剛入社會工作時，年紀太輕，又歷練不夠，個性有稜有角。開心時，好相處；不開心時，就擺臭臉。因為在電腦公司做廣告創意的工作，有點情緒化的個性似乎見怪不怪，還被愛護我的同事、與疼惜我的前輩視為真性情。

後來，自己開了廣告公司，招募進來的員工也有類似的個性與反應。當了老闆，換了立場，我看著他們就像彷彿是當年的自己，太稚嫩也不夠成熟，難怪曾被嫉妒我工作績效的同事抓住小辮子，去跟老闆告狀，說我情緒化，不足以承擔重任。

仔細檢討下來，這是個介於「勇敢做自己」和「一廂情願的白目」灰色地帶的實例，在此也格外感謝當年那些厚愛我的長官同事，讓我有「勇敢做自己」的空間；但也為自己捏一大把冷汗，可以想像當年「一廂情願的白目」給別人臉色看，必然也錯失了很多可以讓自己變得更好的機會。例如，交到更多的朋友、或是得到職務的晉升、承擔更多的責任。

最近和年輕朋友聊天，發現二、三十歲的上班族，在人際關上除了「被討厭」之外，還有另一個困擾是：不知道如何把握「被人喜歡」的分寸，一不小心就變成了「刻意討好」。對方不會真心感謝，自己也覺得委屈。如果無視這個課題，完全不介意自己在別人眼中，是不是一個可以「被人喜歡」的對象，卻又想要有良好的人際關係，就真的只能憑運氣。

以下整理三個建議，不妨請你可以思考看看：

1表現真誠的自己：和別人相處時，盡量自然、又真心地對待，無須刻意做作。

2學會看場合說話：勇於表達自己的意見，但不要傷人自尊。像是朋友在公開場合詢問你對他的新髮型看法，如果真的覺得不好，也不要選擇在大庭廣眾前回答。或許，可以委婉一點說：「改變好大喔，需要一點時間習慣。」或是「哇，是想要轉換心情嗎？」直率，是優點；草率，是缺點。溝通時，尤其要謹慎。

3不刻意討好對方：無論你說了什麼好話、做了多少好事，都是基於自己的善意與良知，至多就是做到尊重對方，而不討好，才不會因為覺得犧牲或委屈，而讓這份付出被扭曲。

我們可以為堅守自己的原則，而勇於被別人討厭；卻要提醒自己：就算不去刻意討好對方，但也要擁有值得被喜歡的特質。有時請回到內心深處探問：這世界上，喜歡我、和討厭我的人，各占多少？人數不必要一比一，卻不要任由自己與天下為敵。

#不去刻意討好對方，但也要擁有值得被喜歡的特質。

04

重回原生家庭
與父母和解

父母有什麼錯呢？在他們那樣的時空、那樣的環境，
或許也有不爲人知的辛苦與無奈吧。
只要能理解對方，所有的怨恨就比較容易放下。

幾乎所有人際關係問題的癥結，都來自原生家庭童年情感的糾結未解，我們的潛意識不斷複製那些情境，讓所有成長過程中「不被愛」的錯覺一再重現。

這種難過的心境，在靈性上的意義，**是要我們重新面對生命的劇本，從中找到新的看法，以不同的角度解釋，然後從那些困境掙脫出來，改寫自己生命的劇本，切斷其中的鏈結，停止負面循環的輪迴。**從此，你將擁有「第二次誕生」的機會，開始全新的、可以被自己掌控的人生。

在你進入社會工作後，不論在哪裡上班，都經常會碰到不斷對你挑剔小毛病的主管或同事，明明已經很努力了，但還是無法讓對方感到滿意。理智上，你告訴自己：「那可能是對方的個性問題，不要太在意。」偏偏，你就是無法不在意。

這種科學無法解釋的現象，卻可以在心理學找到答案。很可能在小時候，你的父母其中之一，對你的表現期望很深、要求的標準很高，你雖然不喜歡被這樣對待，但還是很習慣這種氛圍。於是，你不知不覺複製這些情境，讓長大之後的你，仍在複習著自己很熟悉的狀態，甚至有一種被扭曲的安全感——因為所有的挑剔，都不會讓你感到意外。你雖不喜歡，但其實很習慣。

假使童年的時候，父母相處的模式就是不斷拿小事鬥嘴，互相批評對方的看法，甚至常常在你面前大吵，為了不再多惹事端，你凡事盡量保持緘默。長大之後的你，碰到的感情對象，可能是個和你觀點不一致的人，但你卻依然習慣委曲求全。

年輕的時候，不論是自己的遭遇、或看到身邊朋友的經歷，類似這樣的難題真的很多，出現的機率相當頻繁。主動積極一點的人，可能會透過閱讀或上課，學習溝通、同理、傾聽、談判等技術，希望藉由自己的努力來改善或解決這些困擾。

或許，多多少少都有點效果。但問題就是始終無法徹底消滅，換了一份新的工作、開啟一段新的感情，相似的問題又再度捲土重來。那是因為很少人告訴我們，這些問題的真正解決方案是：重回原生家庭，與父母和解。

無論你是否已經離家很久、很遠，也不管你的雙親是否依然健在，都可以透過自我的對話，讓成長的情景重現眼前，可以透過畫圖、筆記、或書信，記錄當年的心情與感受，先完成初步的腳本，然後開始跟故事中的自己進行以下的對話：

1「這些年來，你好嗎？」

2「如果回到當時的生命現場，我可以怎麼做？」

3「現在已經長大的我，是不是可以理解當時的父母，他們有什麼樣的難處？會不會他們也有很多無法負荷的壓力或痛苦，才會那樣對待我？」

4「我也經歷過這麼多的人生，想要對當年的父母說些什麼？」

5「如果我有機會心平氣和，和現在的父母對話，最想跟他們說什麼？」

在剛開始練習的時候，你的答案可能經過一連串的塗塗寫寫、修修改改，不確定自己真正想表達的內容，但只要持續下去，甚至每隔一段時間就做一次練習，漸漸地將會明白內心的想法，也有機會能放下心中對往事與傷痛的牽掛。

除了內在的對話，回到現實生活，已經離開叛逆青少年歲月後的你，有打算何時可以敞開心與父母重新擁抱嗎？

這是自我成長過程中，很重要的一個環節，但幾乎所有的人都忽略了主動規畫這件事情的進度。如果有幸能在父母健在的時候做到，雖然大部分應該都是「被動地」完成，而且伴隨著一些生命的苦楚，甚至是痛徹心扉的了悟，例如：失學、失戀、失業、失婚等。往往得等到失去生命中最可貴的，才懂得回頭珍惜自己該把握的。

儘管市面上有很多書籍，都是建議讀者要原諒父母，然而，當你做好與父母和解的準備時，就會發現：父母有什麼錯呢？在他們那樣的時空、那樣的環境，或許也有不為人知的辛苦與無奈吧，只要能理解對方，所有的怨恨就比較容易放下。

後來，才會明白：**與父母和解的過程，就是與自己和解，終於不再與世界為敵。**

#人際關係的問題癥結，都來自原生家庭的情感糾結。

05

突破心理原型障礙

所有人際關係的問題，看似都是遇到來自外在環境的阻礙；
但必須回到自身的內在，突破宿命的侷限，
才能找到眞正長久而有效的解決方法。

星座，似乎是歷久彌新的熱門流行話題。很多人都用來知己知彼，既可以跟初次見面的陌生人，開啟話匣子；也能揣測著如何跟已經認識的朋友建立良好的人際關係。

我是水瓶座，從二十幾歲開始，就滿懷欣喜地對號入座。無論是水瓶座的優點（愛好自由、興趣廣泛、喜歡創新）與缺點（不按牌理出牌、打破砂鍋問到底、過於理想主義），什麼都照單全收。

相對地，因為水瓶座天生好奇的個性，也對其他星座的特質相當感興趣。跳脫迷信宿命的觀點來看星座，它提供了淺顯易懂的個性標籤，幫助我們解讀自己與別人，為什麼有這些行為、或那些反應時，有了合理化的解釋。

當然，也不要忽略這些標籤式的分析，其實都有它的例外之處。

隨著年齡的成長，我還學習更多東、西方的哲學，包括：心理與命理。發現這些理論是透過邏輯化的架構來解析一個人的行為特質，但也無法涵蓋全部。

迷信宿命的人，會渴望在此找到自我認同，卻也容易被侷限在既定的框架裡。若能繼續再往前走一步，也就是「已知其然，並知其所以然」，不受既定框架的限制，突破這些障礙，不但自我的發展可以有很多新的可能，與別人的互動也會有更多的彈性，人生的視野與體驗更會因此更加海闊天空。

二十幾歲的階段，剛入社會工作，會碰到很多形形色色的人，來自不同的家庭背景與成長環境，學校的教育和工作的歷練都不相同。社會新鮮人很單純，當眼中的好人與壞人碰在一起，甚至有時候虛實難辨、善惡難分。直到有一天，突然背後捱刀，才驚覺自己識人不明。

曾經有個比我資淺的同仁到職，剛從歐洲拿到電腦相關的學位回來，對台灣的商業環境與科技產業都不熟悉。由於他即將接手的工作，是我剛進公司時負責過的業務，原本應該和他交接的窗口已經離職，於是總經理要我幫助他盡快上手。

雖然公司沒有所謂的「師徒制」，但同事們都認為我就是擔任他的「師父」的角色。就在我竭盡所能地傾囊相授的過程中，常聽到其他部門同事的抱怨，說他行事取巧、爭功諉過，甚至違反某些已經再三教過的SOP（標準作業流程），他犯錯了卻跟對方說是我沒講清楚……

當年我的個性坦率直接，毫不委婉迂迴地找他當面對質。他竟立刻哭訴說，從小成長在沒有愛的環境，酗酒的父親車禍身亡後，母親改嫁，被舅舅撫養長大，養成逞強好勝的個性。一席深情告解的話，成功博取我的同情，也得到其他同事諒解。

可是，他的行事風格並沒有因此而改變，依舊到處惹火同事、得罪客戶，但還是憑藉著自身的顯赫學歷、與巧言善辯，風光行走江湖。起初陸續換了幾間公司與職稱都還算亮眼的工作，後來都因為人際關係問題而成為發展的障礙。最後，光環盡失，淡出業界。

幾年後，我研讀心理學，在榮格（Carl Gustav Jung，瑞士心理學家）「人格原型」的論述中，得到感慨萬千的領悟。

每個人意識層面的言行表現，都受到個人潛意識、與集體潛意識的影響甚深。了解這些「原型」的目的，並非只是消極地對號入座就好，而是更應該積極去構想對策，跳脫原始框架的侷限，活出全新的人生。

所有人際關係的問題，看似都是遇到來自外在環境的阻礙，但我們必須要回到自身的內在，突破宿命的侷限，才能找到真正長久而有效的解決方法。網路上流傳很多有關「人格原型」的心理測驗，其中有些還更細分為：天真者、孤兒、戰士、照顧者、追尋者、愛人者、破壞者、創造者、統治者、魔術師、智者、愚者。

無論你覺得自己符合哪一項、或是混合了哪幾項，都不要誤用這些標籤，當作藉口，讓自己停留在舒適圈、與同溫層互相取暖。因為，比這些標籤更重要的是：**如何在了解自己或別人之後，突破自我的現狀，結合其他的特質，創造跳脫宿命的未來。**

#並非消極對號入座，而是積極跳脫原始框架的侷限。

與人相處時，

尤其是自己最親近、最在意的人，

中間的「人我界線」便越要清楚，

這並不是自私的行爲，

而是要讓彼此都更自在。

06

與優秀的人靠近

很多優秀的人並不驕傲、也不小器，
他們比想像中的更樂於幫助別人，也更有勇氣挑戰自己。
這些特質，和他的優秀一樣，都很值得學習。

國中時期的我，被分發到「放牛班」，接著沒考上高中、高職。歷經一年重考，才跟上升學的隊伍。我從小就知道自己和優秀之間，有著多麼遙遠的距離。

重考上高中後，自卑感隱隱作祟，幾乎不太敢與班上前幾名同學靠得太近，連目光都不敢直視。彼此都應該是把對方當作「外星人」那樣，好奇而畏懼地打量著。

在那段灰暗的成長歲月，我不只知道自己距離優秀很遠，距離班上優秀的同學更遠。幸好，在高中畢業之前，快要考大學時，卻發生了一件至今還讓我記憶猶新的事。當時，我留在學校圖書館晚自習，碰到一題怎麼試都解不了的數學題，正好班上穩坐第一名的資優生也在同桌，情急之下，便就近請教他。

令人意外地，他很客氣，而且十分熱心，不但詳細講解一遍，最後還再次確認，看我是否真的懂了。那個晚上，在等最後一班公車回家時，我對自己、也對第一名同學刮目相看。還暗地自忖，如果我早一點向資優生提問，會不會從高一到高三的求學之路，就不會那麼坎坷了。

之後上了大學，開始懂得主動求知，找到正確的讀書方法，有幾門科目，竟也成為其他同學眼中的資優生。陸陸續續有同學來借筆記，順便問我一些作業該怎麼做。這時，才在這個過程中，體驗到「教學相長」的滋味。

原來，把自己所學所知，轉述並傳授給別人，會加深腦中的印象，並且融會貫通，更快速把學問內化成自己的知識。一個真正有自信的人，是不吝於把別人教會，也不會恐懼別人學會之後會超越，因為他早在教導別人的同時，也超越了自己。

之前還不夠優秀的我，完全錯怪了那些比我優秀的人。有很多優秀的人並不驕傲、也不小器，他們比想像中的更樂於幫助別人，也更有勇氣挑戰自己。這些特質，和他的優秀一樣，都很值得學習。

二十幾歲時，我剛進入科技業，有幸遇到優秀的人。有些是前輩、有些比我年輕。但在不同的領域，各擅其長。能夠被公司錄取，代表每個人的能力與條件，都符合了要求的基本門檻；但剛開始時，我的壓力還挺大的。和這麼多優秀的人身處同一個團隊裡，少年時期那個自卑的我，常跑出來攪局，讓自己產生很多無謂的比較念頭。

幸運的是，我總會在最難過的時候，想起高中畢業前夕，在圖書館遇到的資優生同學，他所帶給我的溫暖與鼓勵，遠遠超過在數學方面的指導，而且為我內心的軟弱，帶來支持的力量。

此刻，我終於可以鼓起勇氣告訴當年的自己：「優秀的人，並非每個眼睛都長在頭頂上，也有很善良和氣的，好嗎？」然後，再對自己信心喊話：「拜託，你也不差啊，你的身上也有獨特的優點啊。」

在此，我學到一個很重要的觀念：盡量與優秀的人靠近，避免心理壓力最好的方式，就是誠實面對恐懼，然後以欣賞的態度，多從他們身上觀摩、學習。

當我後來有機會與幾位優秀的人，成為真心好友時，發現他們其實也有平凡的一面、以及外人看不出來的弱點與恐懼。可能是我的謙虛態度，讓他們願意放下防衛與武裝，對我傾訴內心的秘密。

與優秀的人相交，有時會發現他們除了有值得學習的地方之外，內心可能會有暗黑或孤獨的一面。這並非要貶抑其優秀的價值，以缺點來平衡優點；也不是要拉下對方「近乎於神」那種高高在上的姿態。**而是要在學習他的精神、態度、或技能的同時，也要欣賞對方面對自我真實情緒的一面。**

《孟子》〈滕文公章句下〉這句「近朱者赤，近墨者黑」，除了說明人與人之間相互的影響力，同時也鼓勵世人要多靠近優秀的人，以期自己變得和他一樣。

與優秀的人靠近，像是有個典範在前頭，並向他看齊。這並非鼓勵你只用優秀的程度來作為挑選朋友的標準，而是提供一種價值觀的選擇，讓你在尊重別人的同時，也要學會看得起自己。

#與優秀的人靠近，像是有個典範走在前頭。

07

在細節處，明辨恩仇

有恩報恩，這是爲人處世，最基本該有的回饋；
有仇未必要報，但可以提醒自己防身，才不會繼續受害。

處理人際關係，不要拘泥於細節，但也不要忽略細節。

「不要拘泥於細節」和「不要忽略細節」，是兩種不同的態度，很多人都認為會採取哪一種態度，是與個性有關，其實這是可以透過訓練而成的。關鍵在於，你必須學會觀察「細節」！

就像是一眼見到朋友，看看他是不是換了髮型或眼鏡。這不會很難吧？

你給別人一次自謙為「舉手之勞」的幫忙後，對方真實的反應是「理所當然」、或「千恩萬謝」，這應該要看得出來吧？

聚會時，有一個久未謀面的朋友，有意、或無意地拿你的近況開玩笑，你忍著到最後，是不是漸漸能感受到對方的意圖呢？

所謂的「不要忽略細節」，就是：你該試著留意觀察這些人際互動的細節。而所謂的「不要拘泥於細節」，就是：看清楚真相之後，不要被它「卡住」，要進一步學習把握時機，在適當地處理之後，然後放下這些情緒。

如果我跟你說，這就是一種「修養」，你可能會覺得太沉重了，但不妨把它當作是一種「練習」，在日常生活中，隨時提醒自己練功。

一見面，就觀察到對方換新眼鏡，帶著欣賞的眼光與口氣說：「你換新眼鏡了！」無論對方的回應，是很熱情地說：「你好細心，我同事都沒發現！」或只是冷靜地答覆：「嗯！」你都可以據此拿捏，接下來該怎麼繼續互動。

給別人「舉手之勞」的幫忙後，觀察對方的反應，真正的目的並不是為了邀功，或期待對方感恩圖報，而是要看自己提供的協助是否確實有幫到忙。如果幾次經驗後，發現對方是個不懂得珍惜別人好意的人，你就可以重新考慮跟他的相處方式。

聚會中，有人不斷地故意拿你開玩笑，你不必只是一味地忍耐，可以觀察他可能的動機，例如：是故意要引起你注意、或只是他自以為是的幽默而已。然後你可以決定要用什麼方式提醒他適可而止，也就不會帶著滿腹怨氣回家。

不如從現在開始，**在日常的人際互動中，勤於鍛鍊觀察細節的能力，將來在親友和同事的相處上，就可以擁有主控的優勢，而不會總覺得自己是被調侃、被委屈、被陷害。**尤其，在細節處明辨恩仇，弄清楚對方的動機，知道他為什麼要這樣對待你。有恩報恩，這是為人處世最基本該有的回饋；有仇未必要報仇，但可以提醒自己防身，才不會繼續受害。

從前有個同事，一直想利用我傳話，常故意來找我說些有的沒的，當我警覺心不夠時，也曾被他成功地陷害，無形中為他達成「借刀殺人」的目的。難過與後悔的心情，真的很不好受。後來，他再來說別人閒話時，我就直接表明正在忙，把耳朵和嘴巴都閉起來，對方就知難而退了。

有恩不報，非君子。長期隱忍對方任意加諸於我們身上的痛苦，而不說出來，我們也會慢慢地變成了真小人。若總是分不清楚是對方的用意與作為，恩仇不分地和他相處，這也是一種白目的行為。

所有人際關係的發展，都是從細微處開始的，猶如栽植花草樹木，在每天接觸、或每次碰面的機緣中，一點一滴地累積。雙方都滿意的互動，可以累積成善緣；但只要有其中任何一方，覺得不舒服、不開心，誤會或厭惡就會在這段關係滋長。嫌隙，愈來愈難彌補；仇恨就愈來愈深刻。

把心思放在曾經給過你機會、幫助過你的人，想辦法把感恩的心，化成實際的行動，讓對方知道你的謝意。

如果有人對你不懷好意，存心利用、或任意踐踏，確定他的動機與行為後，未必要展開報復，但可以適時表達自己的感受，讓他知道：「該適可而止了！」然後，把自己訓練成更強大的人，希望將來有一天，當你有足夠的勇氣與能力，能對他說：「我可不是好惹的！」

#所有人際關係的發展，都是從細微處開始的。

08

建立人脈與利用對方僅一線之間

把「人脈存摺」拿來當「工具人名單」利用，遲早會出問題的。
最大的原因是，這中間沒有感情、沒有道義、沒有往來，
只剩下單向的利用。

從進入職場工作開始，就不時看見報章雜誌介紹「人脈存摺」的觀念，直到現在依然盛行。

以前我很不喜歡「人脈存摺」這個說法。大概是基於水瓶座的個性，比較天真浪漫吧，無論是日常交朋友、或是與工作上的夥伴往來，自然真誠互動就好。一旦置入了「人脈存摺」的概念，感覺很刻意、也很現實，好像和對方交往，都是有目的而為之。彷彿連把對方名片存放在名片匣、或掃描存檔於電子檔案中，心裡都懷著「我將來可能會利用到這層關係」的念頭。這個小心思、小動作，固然沒什麼大錯，但就是令人覺得動機不純正。

工作這麼多年以來，我認識了很多人，但真正變成好朋友的人數並不多。若是真心把對方當作知己，彼此是把對方放在心上的，根本不需要這本存摺，不需要孳生人際關係的利息，雙方都已感到豐盈。

除非特別必要，很少會請託那些泛泛之交的朋友任何事情，以免對方認為我是在利用他。如果真到情非得已的局面，要請別人幫忙，便會盡量做到禮數周到，有來有往，表達感謝，真心回饋對方。

相較之下，我確實也有過令人感到無言的經驗。才認識不久，交談沒幾次，就想來跟我借錢。平日都不聯絡，一打電話來就要我免費幫忙處理需要花費很多心血的事。還有人明明就是想利用我的資源，做與他自身利益有關的宣傳，卻美其名說是要來談合作。

面對這些林林總總的經驗，只要不是太離譜的要求，能力範圍內可以幫忙的，我還是會盡量去做，但以一次為限，避免養壞對方的胃口。

這並非討好，純粹是以一種廣義的「謝天」概念。回想自己一路走來，也常獲得別人的幫助，有時無以回報、或對方不肯接受我的報答，於是就把這份感謝，拿來幫助這些人吧。或許，我就是他「人脈存摺」裡的一個名單，而他正沾沾自喜於享受建立人脈的好處。

除了廣義的「謝天」概念之外，沒有人會被拿來當成用後即丟的「工具人」，還覺得開心的。因為下次對方想要用你時，又要被召喚一次。

所以，把「人脈存摺」拿來當「工具人名單」利用，遲早會出問題的。而且，有效期僅止一次，用過就作廢了。最大的原因是這中間沒有感情、沒有道義、沒有往來，只剩下單向的利用。

現在我已經沒有像過去那麼排斥「人脈存摺」了，並非是迫於無奈而接受它，而是我漸漸學會用不同角度來看待。

我不會把任何一個好友，放在所謂的「人脈存摺」裡，那是因為在我心中根本沒有這本存摺。可是，當我發現自己被別人放進「人脈存摺」裡，是真心感謝對方看得起我，並且慶幸自己在對方眼中，原來是個有利用價值的人。

但為了這價值可以被好好地、永續地利用，在此我想分享一些內心話，若你想開始建立自己的「人脈存摺」時，不妨可以參考看看。

若要認真地蒐集「人脈存摺」的名單，必須先斟酌自己有多少時間與能力，來對應名單裡的這些人。例如，每天問早道好，或逢年過節送禮請安。以免讓他們閒置太久，沒有任何互動或聯繫。否則，有一天，當你想要取用對方的資源時，你的「無事不登三寶殿」，就會令人感到「被當作工具人」的不舒服。

任何請求幫忙，無論是否如願以償，都要適時表達感謝，或是給予回饋。或許這時候的你沒有足夠的能力，實質對等地報恩，但認真寫一張卡片、送個會讓對方驚喜的小禮物，都可以讓這份好意在彼此的心中交流。甚至永誌不忘。

有朝一日，等你有了能力，再以廣義的「謝天」概念，提供幫助給需要的人，即使「被當作工具人」，也不會介意，那就是「人脈存摺」的另一個境界了。

#以「不造成別人困擾」爲人際基本原則，讓彼此都舒服。

09

不懂閱讀空氣
被霸凌只是剛好而已

爲了避免被霸凌，首先要搞清楚身處的場合；
接下來是交談對象的背景、以及對方和其他人的關係，
還要感受他的反應，最後再斟酌發表意見的時機。

霸凌，是不對的行為。無論在學校、在職場，以言語或暴力，對待能力或權力相對弱勢的一方，絕對是該被譴責的。

但若被霸凌的原因，並非能力或權力相對弱勢，而是因為自己白目，就是日文中常見的「不懂如何閱讀空氣」，像是不懂得察言觀色而得罪人、或以不適當的言語或對話引起眾怒，就要學習調整自己，以免被霸凌的狀況一再發生。

「不懂閱讀空氣」的日文是「空気読めない」（Kuuki Yomenai），常被簡稱為「KY」，用來泛指搞不清楚狀況、白目、「沒sense」等。若用具體的方式來形容，人與人之間相處，存在一種無須透過語言描述，就可以感受到的氛圍，這時候該有什麼反應，可以保護自己？哪些反應會令人尷尬或顯得唐突？這些都是需要學習的。

年輕媽媽帶小孩搭車，有人禮讓了座位，媽媽卻放任孩子穿著鞋子，在座椅上踩踏，還不斷踢到鄰座的阿伯。擠在旁邊的婦人，看不過去，白眼不知翻了幾回，又用眼神狂瞪媽媽。但媽媽還不去約束小孩行為，因此被婦人說孩子「沒教養」，她又反譏對方是「正義魔人」。孰是孰非，並不難判斷。

課長剛被總經理訓斥部門業績不佳，而課員卻緊接著嘻皮笑臉進去課長辦公室請七天長假，說要陪女友出國旅行，此時假單若「暫時」被擱置在桌上，也不意外吧？

大考放榜，明知同事的小孩沒進入理想的學校，中午吃飯時，偏偏有人聊起「媽寶」話題，若你還跟著說「對啊，現在小孩都被寵壞了！」同事在旁邊聽了，會作何感想呢？

有新進組員常抱怨工作太多做不完，每天都要加班；另幾位老鳥，正起勁聊著逛街、瑜珈、美食……這位新人不但熱情的加入這些話題，還延伸到影劇、八卦。不久之後，新人發現老鳥都在背後說閒話，批評他工作沒效率，這要怪誰呢？

在我年紀很輕時，也犯過這樣的錯。傾聽朋友訴苦，說正在交往的對象，行為習慣有多糟糕，明明知道他們還打得火熱，卻跟著罵說：「跟這種人在一起，不會有好結果。」漸漸地，也失去了這位朋友。

所以，在抱怨自己被霸凌之前，必須先檢討一下自己有沒有「閱讀空氣」的能力。首先，要搞清楚身處的場合；接下來是交談對象的背景、以及對方和其他人的關係，還要感受他的反應，最後再斟酌發表意見的時機。

例如，你對部門運作有些想法，而且是跟現行的規矩不同，也不確定其他同事是否會支持，就不要在部門會議時，以「大鳴大放」的姿態表達。可以私下先徵詢信得過的同事們，確認這樣的想法是否有可行之處；若要提供給主管參考，最好是私下先以請教意見的方式提出，避免他在公開會議時感到意外或尷尬。

「閱讀空氣」並非膽小怕事的懦弱行為，而是一種大器的體貼：凡事多為別人著

想，不要給對方惹麻煩。極盡所能的，以「不造成別人困擾」為人際互動的基本原則，讓彼此都可以保留舒適的範圍。

與人相處時，必須要先懂得「閱讀空氣」，才會有接下來的「妥善應對」。即使因為某些個人原則，必須堅守著「被討厭的勇氣」，也是在內心支持自己，而不是失禮、甚至魯莽地頂撞對方，讓他難堪。

我曾經陪伴一個剛成年的女孩，做出一次人生中小小壯遊的重大決定。她因為失戀而辭職，想一個人騎車環島，但長輩因為擔心安危而表示反對，出發前一晚，媽媽哭著勸阻，還動用家族裡說話有份量的親友，前來遊說。

她鎮定地回答：「我很謝謝你們的關心，真的很感動！我在路上一定會小心的，也會隨時透過手機和網路保持聯絡喔！」翌日，她準時出發，十天後，帶著黝黑的膚色回返。爸媽說都快不認識她了；她卻因此而找回真正的自己。

不過，既然聊到霸凌的話題，還是要提供受害者保護自己的方法。除了要學會「閱讀空氣」，預防霸凌發生之外，若真的發生，還是要蒐集證據，向主管單位尋求解決的辦法，千萬不要隱忍，縱容施暴的人。

#以「不造成別人困擾」爲人際基本原則，讓彼此都舒服。

10

與社群媒體保持距離

學習遠離社交平台的情緒，就像是觀看電視或電影劇情，
提醒自己：人生如戲，但不要入戲太深，
也不要把虛擬世界當作眞實人生。

我想自己應該是台灣第一個擁有個人專屬網頁的作者吧，那時設立了「吳若權讀友俱樂部」，提供讀者註冊、登錄、瀏覽文章，發表心情故事等。

能夠從這麼早就開始經營社群，要感謝在接觸寫作與出版行業之前，就已經在科技業工作十幾年，結識很多懂資訊與技術前輩。在網際網路剛開始發展之初，他們就很熱心地為我架設個人網站。

當時的我，平均每個星期會花兩天的時間來經營這個網站。既是板主、也是小編，忙得不亦樂乎，與讀者建立起非常厚實的關係，長年與我以書會友，彼此互相陪伴成長。那時還是少男、少女的他們，現在都已經成家立業了。

後來因為營運成本考量，以及部落格與更多社群平台興起，結束「吳若權讀友俱樂部」，移到Facebook建立吳若權專屬的粉絲專頁，以便可以與出版界的讀者和廣播節目的聽友，做更密切的互動。

由於自己個性的關係，鮮少會在社群平台上發表太針對性或太尖銳的意見，遭受負面攻擊或酸言酸語的機率，相對也少一些。這麼多年來，難免有過一、兩次因為誤會而擦槍走火的經驗，還真的是「不經一事；不長一智」，每回被攻擊到體無完膚之後，就更加知道如何謹慎面對、以及調整自己的心情。

不過，正因為這樣的慘痛經驗，讓我可以體會一般人遭受攻擊的心情。那些在虛擬世界中，可以稱之為「網路霸凌」的文字虐殺，其殺傷力確實能讓人自信全無，必須要自己非常強大、或是在實體生活中，得到充分支持的力量，才能挺得過去。

若是沒有這麼幸運的防護，不斷遭到霸凌的當事人，從心情不好、到憂鬱症，甚至自殺，都有可能，你肯定聽過類似的不幸案例。**每個人投身於虛擬的網路世界時，都要很謹慎地保持一份理智、一份清醒，必要時要懂得求援，才可能避免憾事發生。**

有時候，這些傷害並不一定來自很重大、或很明顯的事件。光只是無意之間，動動手指、滑滑手機，從Instagram、Facebook、Twitter等，出現熟悉朋友、陌生人、前任情人的一張照片、一段文字，都足以影響情緒波動，猶如千軍萬馬，隨著頁面席捲而來，令人難以招架。

不知道從什麼時候開始，我也跟很多人一樣，即使工作到時間很晚，上床睡覺都已經超過午夜，熄燈前還是會躺在床上滑十幾分鐘手機，快速瀏覽網頁，看看讀者、聽眾、好友們，這一天大概經歷了怎樣的人生，有的是吃喝玩樂的行程，有的是百感交集的抒發，我也跟著為這匆忙的一天畫下句點。

本來以為這只是一個不好也不壞的習慣而已，畢竟它沒有影響到我的心情、以及睡眠。可是，對照從前的我，睡前最後做的是閱讀紙本書籍，發現自己實在是有點墮落，才警覺要戒除這個習慣。

最近滿多人找我做個人生涯諮詢時，都不約而同提到，他們在看這些社交平台的資訊時，心情很容易變糟。有的是因為跟同儕比較；有的是因為看不慣別人都在炫耀；有的則是因為滑到朋友頁面中，看到有一句話好像是針對他……看起來像是日常小事，但在社交平台上往往因為觀看者的情緒過度聚焦，而變成出乎意料嚴重的事。

若要勸這些朋友遠離社交平台、或乾脆不要使用，確實有其困難。很可能因此而變得離群索居，讓他們更容易焦慮。但，至少請與自己約定：1**「減少時間」**；2**「隔離情緒」**；3**「回歸真實」**。

適度縮減使用社交平台的時間，並且學習隔離情緒，像是觀看電視或電影的劇情，提醒自己：人生如戲，但不要入戲太深。不要把虛擬世界當作真實人生。寧願花時間約好朋友喝杯咖啡，也不要掛網看一百個陌生人的網頁。

網路上爭議愈多的文章，點閱率愈高。若情緒持續飽受困擾，真的可以考慮暫時戒斷社群平台一段時間，或以封鎖方式，遠離那些不想看到的人、沒力氣去管的事，才能照顧好自己的心情。

#寧願約好朋友喝杯咖啡，也不要掛網看一百個陌生人的網頁。

吳若權粉絲專頁

Part 2

情緒

當黑暗來襲

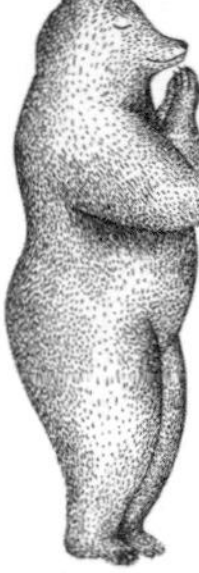

決定獨自出發後，在山路上觀賞幾隻可愛的松鼠，突然有一條毒蛇出現，牠纏繞著在警告標語「有熊出沒」上，這時候你會有什麼念頭？

◯ A. 吉人自有天相，毒蛇只是提醒我要小心。

◯ B. 獨自旅行，一定要更小心謹慎！

◯ C. 為了尋寶，這些都是必經的路。

◯ D. 我得就地找樹枝或棍棒防身。

◯ E. 撥打救援電話、或通知附近志工。

題目完成度

★★☆☆☆☆☆

01

你有不快樂的權利
但小心陷入深淵

讓痛苦和快樂並存、軟弱和堅強並存、喜歡和討厭並存，
至少就得到一部分的自我支持，而不會被一點點的「不快樂」，
就全盤推翻值得珍惜與感謝的人與事。

關於快樂，每個人都有不同的定義、或不同的追求。儘管你已經看過很多類似的主張：「快樂，就是簡單過生活！」「快樂，是一種感受，不是目標！」「快樂，是內在的安定。」其實，你我都知道：快樂，沒有想像中的那麼簡單。

在我印象中，二十、三十歲這個階段的快樂，往往是最困難的。還記得那時的我，儘管年齡已邁入華人社會中，所謂的「而立」之年，但心態上還沒有真正擺脫宋朝詞人辛棄疾在〈醜奴兒〉中提到的「為賦新詞強說愁」的階段，然而現實生活的壓力，早已把我推上人生的火線。

即使這個世代的年輕人，已經被媒體採用相對寬鬆的標準認定，將「而立」之年延後到「三十五」。但無論如何，三十歲前後確實要面對人生很多的不確定，例如：想要經濟獨立、面對愈來愈複雜的人際關係、思考手邊這份工作是否適合自己、要在愛情與婚姻過程中做出重大抉擇……

老實說，這個階段的人生，是無法體會到「快樂，就是簡單過生活！」「快樂，是一種感受，不是目標！」「快樂，是內在的安定。」的境界，甚至，還覺得這些陳腔濫調，根本就是極大的反諷。於是，開始了一段混亂的歲月，或有些比較聰明一點的人，把它包裝成尋夢的過程，但最後常淪為「成者為王，敗者為寇」的結果論。逐夢成功的叫做「創造者」「夢想家」；夢想未竟的就被說是「魯蛇」「晚熟」「草莓」「啃老」。過程中的徬徨迷惘、進退兩難，總是被人忽視或遺忘，連自己也不敢回頭多想。

身處所有未定之數的過程裡，有好多的情緒，不但別人無法看懂，連對自己都難以訴說。例如：一段探究不出原因，怎麼就是走不下去的感情；一份努力半天，卻沒有成就感的工作；一個自問自答千百遍，但就是找不到方向的自我……

以上種種，都讓我們不快樂。而更多的時候，我們把這份不快樂，掩藏在「強顏歡笑」的面具背後，或是刻意「擺臭臉」「裝冷漠」，只為了遮住心底那份不想輕易示人的軟弱。我們常為生存在社會所期待的價值裡，而忘記了：其實，**每個人都有不快樂的權利。自己快不快樂，只有自己最清楚，也不用對別人交代，或對別人解釋，更不用為了討好別人，而強裝快樂。**快不快樂，頂多就是一時的情緒。再怎麼難過，只要面對處理，終究會度過。但還是要不時自問：

1不快樂的情緒，會停留多久？

2是否能夠覺察，之所以不快樂的真正原因？

3有沒有什麼適合自己的方法，可以度過不快樂的情緒？

回想起來，三十來歲時的我有點人來瘋，快樂或不快樂來來去去，都不會停留太久。最常造成我不快樂的原因，通常都是被別人的言語或態度影響；當時，我還不確定用什麼方法可以趕走這些不快樂，所以任何方法都盡量嘗試，例如：找朋友訴苦、看書、聽音樂、獨自去郊外走走……

一直到經歷很多事件，從芝麻小事、到生死大事，我才慢慢學會以下三件事：

1要當自己情緒的主人：從認識情緒、接受情緒、到主導情緒，都要對自己負責，而不是被別人操控。

2容許相對的情緒並存：讓痛苦和快樂可以並存、軟弱和堅強可以並存、喜歡和討厭可以並存。至少就能得到一部分的自我支持，而不會被一點點的「不快樂」，就全盤推翻生活中其他值得珍惜與感謝的人與事。

3別讓不快樂停留太久：我們固然有不快樂的權利，但也有恢復平靜的義務。對我來說，運動、曬太陽、赤腳踩在沙灘或草地上，這三種方法最容易告別憂慮。如果你試過很多方法，而且已經超過幾個月都不快樂了，不妨嘗試尋求專業醫師、心理師，或是療癒師的協助。

我的建議是：先接受自己的不快樂，然後付諸行動去試試看各種可能，只要你願意帶著自己從情緒深淵緩步前進，就有機會重見久違的陽光，不再深陷憂鬱之中。

#不用爲了討好別人而強裝快樂。

02

與憤怒、恐懼共生
你將得到更勇敢的自己

憤怒，不是真正的情緒，
它只是一件刺繡著火爆圖案的風衣，用來虛張聲勢，
試圖嚇唬別人，保護自己內在的恐懼。

當我們對他人表達憤怒的時候，其實是在對自己生氣。氣自己的無能為力，無法解決當下必須處理的那件事，也無法控制住隨之而起的情緒。隱藏在這種表象之下，真正的情緒根源，其實是恐懼。

恐懼，看起來好像很軟弱，本質上卻是非常積極的保護機制，提醒自己前方已經碰到危險了。

能夠知道要「害怕」，表示自己是有所覺察的。因此，不要輕視或貶抑自己的恐懼，反而要向它致敬與道謝。**碰到危機時，第一時間產生的恐懼心理，不但很正常，也很積極，它讓你有所警覺，提醒你該做些適當的處理來化解危機。**

其實，這是很經典的心理學觀點。問題是，我們在年紀很輕的時候，多半沒有受過這樣的訓練，錯過了恐懼的提醒，也不知道如何回應情緒，以及處理事件，很容易透過本能反應，直接把恐懼轉為憤怒。

憤怒，若對外表現出來，就像是失控的樣貌，以脫序的語言、肢體，對別人展開攻擊。目的就是要讓對方知道：我被惹怒了、你給我小心一點、我很介意這件事、而內心真正的訊息卻是：我很害怕、我要保護自己！

認真說起來，憤怒並不是真正的情緒，它只是一件表象刺繡著火爆圖案的風衣，用來虛張聲勢，試圖嚇唬別人，保護自己而已。內在包裹赤裸的意念則是：恐懼。害怕自己不受歡迎、不被重視、失去愛、失去控制權、失去安全感等。

通常當你穿戴這件火爆風衣，對別人展開攻勢，最終都會是傷人害己。只要對自己內心產生憤怒情緒與行為的SOP有所認知，轉身再觀察周遭常愛發脾氣的人，或是面對正在發洩憤怒情緒的對象，就比較可以同理他的感受，而且自己也不會因為對方失控或脫序的反應，感到害怕、或是反被激怒。

還有一種表達憤怒的方式，並不是對外發洩，而是跟自己生悶氣。通常是因為一時之間，無法處理內在的恐懼，而開始貶抑自己

不管是對自己、或是對別人生悶氣，就算沒有透過激動的語言或暴力的行為表達出來，還是可以容易被對方察覺出來，因為這些憤怒的情緒，裡面都藏著深深的恐懼。年紀尚輕時，我也常有憤怒的情緒。發過脾氣，得罪過也傷害過別人，在這過程中經常吃虧，雖然知道要有所節制，但反而變得壓抑、轉向攻擊自己。直到學會向內探索，看到憤怒的根源，居然是深深的恐懼，既感到驚訝，也心疼自己。

當我懂得這個道理後，就比較知道在一開始有恐懼感的當下，能處理自己的情緒。消除憤怒，並不是忽略或壓抑它，也不是自我質問：「你在氣什麼？」或「有什麼好氣的？」而是當下就立刻接受憤怒，同意自己可以生氣。然後，向更深的內在叩問：「我究竟在害怕什麼？」「我該如何因應這個恐懼？」

我們可以容許自己憤怒，但不要因為情緒失控而傷害別人、傷害自己。最重要的是，不要傷害彼此之間的關係。若被憤怒所傷，最難修復的是情份。尤其是把難聽的話都說盡，關係就有裂痕；使用暴力對待，柔軟的心就會因此碎落。

要做到容許憤怒，但不留下傷害，最重要的是，當下接受憤怒，然後盡快轉化念頭或提升能量。正如那句老話：「化悲憤為力量。」不要讓自己只是停留在「憤青」，而寧願讓自己轉為「奮青」，用積極的作為替代批評，以實際的行動去改變不滿意的現狀。**面對憤怒，讓我們有機會看見內在的恐懼，找到痛苦的根源，療癒曾經的創傷**，並藉由這個過程把小愛轉化為大愛，幫助那些也有恐懼的人，不再被憤怒所困，這或許是我們內心所渴望的、真正的勇敢。

我有兩位好友，因為工作之便，常聚在一起抬槓，有時同仇敵愾，有時為了不同觀點爭執得面紅耳赤。其中一個，繼續謾罵；另一個卻投入政治，以素人之姿參選。他們面對社會不公，同感憤怒，但在後來的行動上，卻做了不一樣的選擇。我也十分好奇，幾年後他們各自的人生，會有什麼不一樣呢？

#恐懼是積極的保護機制，提醒前方已有危險了。

03

別讓焦慮模糊了
該面對的現實

碰到不確定的、或不能勝任的問題，
要鼓勵自己勇敢地撥雲見日，去碰觸內心最深沉的恐懼，
然後找到解決問題的方法，度過難關。

對於不想面對現實、也不願意做出改變的人來說，焦慮是一個可以用來保護自我的工具。彷彿只要列出一大串的擔心、煩惱，就可以說服自己：「有喔，我有注意到了，我知道啦！」

某些時候，表現出焦慮的樣子，或許可以獲得別人的關注、同情、或支持，讓他們知道你確實被某些事情困擾了。但……那些令人焦慮的事情，並不會因此而瞬間消失、或徹底解決。

在後續的篇章中，會聊到高中時我很討厭游泳課的經驗。那段日子的焦慮情緒，可以說是我個人成長經驗的黑歷史。說來慚愧，高中時的我真的很害怕上游泳課。只要看到課表，明明是星期五的游泳課，從星期日晚上就會開始焦慮了。不會游泳的我，卻碰到魔鬼老師。他並沒有按部就班教學，秉持著「多嗆幾次，自然就會」的老派想法，直接把不會游泳的學生推下泳池。

對泳技的無助感、以及受辱的自卑感，化為巨大的焦慮，甚至還出現失眠、胃痛等的徵狀。終於熬到了學期末，因為必須要通過二十五公尺游泳的測試，讓我不得不面對現實，只好利用假日到社區游泳池畔，以觀察的方式自學。大約花了兩、三個下午的時間，終於學會簡單的換氣、踢水，足以應付考試之後，才能停止焦慮、以及因焦慮而引起的身心症狀。

也因為這個負面的經驗，幫助我學會如何與焦慮的情緒共處。當焦慮出現時，就先徹底地接納它吧。然後自問：「躲在焦慮背後的恐懼是什麼？」也就是「到底在害怕些什麼呢？」藉此揪出導致焦慮的元凶，勸它出來自首，才能看見自己內在真正的軟弱。

有時候，**處理焦慮情緒，需要一點「置之死地而後生」的勇氣，和自己的恐懼來一場直球對決，否則它會帶來更嚴重的拖延。**焦慮讓我們的心情像是忙到團團轉，但根本就只是原地打轉。把原本可以來得及花時間或心力解決的事情，搞爛到完全無法收拾。我們要學著認清一件事：適度的焦慮，可以幫助自己提振警覺性；但過度的焦慮，只會延誤處理與解決問題的時機。

碰到不確定的、或不能勝任的問題，要鼓勵自己勇敢地撥雲見日，真正碰觸內心最深沉的恐懼，才有機會面對現實，然後找到解決問題的方法，度過難關。

如果碰到麻煩的事情，什麼事情都不做、也不肯付出任何努力，只讓自己身陷於三愁之中——困坐愁城、愁雲慘霧、愁眉深鎖，還愈陷愈深，很容易錯失解決問題的良機。充其量會得到別人的慰問或同情，但未必能真正脫身。

有一本暢銷書《你所煩惱的事，有九成都不會發生》，雖然內容充滿禪學的意味，論述活在當下，即是擺脫煩惱；但書名非常吸引人，很能打動「以習慣焦慮代替實際行動」的讀者。我猜想是因為這個邏輯吧——如果，你所煩惱的事，有九成都不會發生，那麼，擔心也是多餘的，或者擔心再多也沒有用。

在真正的生活中，卻是有很多現實必須要面對的。如果長期讓自己在內心裡不停「操煩」，卻不積極付諸行動去處理那些困難、解決已經來到眼前的問題，一味地焦慮，不僅無濟於事，還會因為壓力而引發身心症，甚至是迎來憂鬱。

我從憲兵服役到進入職場工作，還是很頻繁地碰到類似高中上游泳課的窘境，因為能力不足而持續被惡整，一開始都會很焦慮，幸好我找到了方法，善用焦慮初期所激發的腎上腺素，進而找到解決方法的動力，深信「關關難過，關關過」終於鍛鍊出在險象環生中幸免於難的存活能力。

最後也滿有趣的，怎麼都想不到，原本青少年時期是旱鴨子的我，竟從二十幾歲便開始持續晨泳，至今游泳已經是我日常的運動項目。如果因為行程安排有所調整，而無法按照原定計畫去游泳，渾身就會不自在，朋友還笑我是游泳上癮了呢！

適當地處理焦慮，可以讓自己更有動力！或許，每個人的焦慮來源並不一樣，但面對焦慮的態度與處理情緒的方法，可以互相參考，你不妨也試試看。

#焦慮看似忙碌，卻只會讓自己原地打轉。

04

逃避問題不可恥
不面對自己才麻煩

其實要逃避的不是問題的本身，
而是看到問題卻找不到出口的恐懼。
有時候，暫時躲開、或繞一段路，重新回來面對，
反而可以看清楚自己真實的所在。

逃避，是懦弱的行為嗎？在討論這個問題之前，你可以先深吸一口氣，誠實面對自己，然後認真想一想：曾經是否會逃避去面對「逃避的心理」，直接騙自己說：「等我有空再談好了。」（其實這是逃避引起的「拖延」）；「我不會迴避這件事。」（其實這是逃避引起的「否認」）；「沒這回事吧！」（其實這是逃避引起的「壓抑」）

當我們發現有麻煩上身時，伴隨著逃避的情緒，總容易出現下列行為：「拖延」、「否認」、以及「壓抑」。這些行為，在表面上會讓我們有逃過一劫的慶幸，卻完全無助於解決真正的問題。

幾年前，有部風行一時的日劇《逃避雖可恥但有用》，又名「月薪嬌妻」，改編自海野津美創作的同名漫畫，呼應匈牙利的諺語：「Szégyen a futás, de hasznos.」。劇情主要描述研究所畢業的森山實栗，因為找不到工作，選擇和上班族津崎平匡「契約結婚」。因為各自都有不同原因而充滿厭世感，卻在這段關係中領悟到很多人生的意義。劇中有句經典對白：「雖然逃跑的方式很丟臉，但活下去更為重要！」畫龍點睛般地凸顯出，年輕人面對這個世界種種的不公平時，爭取存活的策略。

通常大多數的人，面對問題的時候，都在逃避什麼呢？在此簡單歸納出以下幾種可能：

1逃避現實：令人不滿意的現狀過於殘酷，所以故意假裝視而不見。

2逃避責任：因為要付出很多心力或代價，超過自己目前所能承擔。

3逃避關係：明明渴望和對方靠近，卻又害怕失去，而讓自己逃開。

其實，我認為逃避真的不可恥；若永遠都不面對真實的自己，才會是人生的最大問題。從「識時務者為俊傑」的角度來看，逃避是一種積極保護自己免於恐懼的行為。只不過我們都無法天涯海角、有始無終地逃下去；只要替自己爭取到喘口氣的空間後，還是要回來勇敢面對現實，學會解決問題的辦法。

逃避，其實要逃開的不是問題的本身，而是看到問題卻找不到出口的恐懼。有時候，暫時躲開、或繞一段路，重新回來面對，反而可以看清楚自己真實的所在。雖然，過程中會浪費一點時間、消耗一些資源，但如果沒有這段過程，未必能夠心甘情願地重返問題的面前，試著找到可以解決的方法。我們所能祈求的，或許是不要逃得太久、躲得太遠，以至於忘了要回來處理這個問題、移開這個障礙。

如果你願意再進一步思考以上這個邏輯，或許就會想通：「逃避雖可恥；但有用！」比較像是為了吸引閱聽大眾而創新意涵的語彙，其背後的真相，應該是完全相反的陳述：「逃避，一點都不可恥；但沒有用！」因為不論你逃多久、逃去哪，問題依然存在，甚至更加棘手。

在剛碰到問題的當下，暫時逃避確實可以緩衝情緒，紓解壓力，但沉澱心情過後，還是要回來面對真實的處境。

別偽裝成「淡定」去掩飾「擺爛」，才不會浪費青春、錯過時機！所以不要再說「船到橋頭自然直」，這句話只適用於你已經盡了全力、或完全不是你所能影響的事件。否則，當你發現船到橋頭卻卡關的時候，內心難免會有很多的遺憾與內疚。

若你正值二、三十歲的年紀，多少還會有點逞強、有點任性，也幸好還有一點時間可以耽誤。最好趁著這個階段，認真地看待自己最暗黑、軟弱的一面，或許面對別人時還會無法克制地偽裝，但覺察自己的時候一定要很誠實。

無論是否有過逃學、逃婚、翹班等紀錄，但應該都做過「拖延」「否認」「壓抑」等行為。或許，連你都沒有辦法覺察到自己正在逃跑，以為只是在探索新的方向，但過了好長一段時間，這才發現：該處理的事情沒有進度、該面對的問題都沒有解決，在人生的戰場上，你便是個名符其實的逃兵了。

還記得小時候玩的躲避球嗎？若沒方向感地拼命四處逃竄，就很容易被球擊中；勇敢直視前方，精準接住強勁投擲過來的球，反而是讓自己安全脫困的最佳選擇。

#勇敢的直視前方，反而是安全脫困的最佳選擇。

碰到危機時，

第一時間產生的恐懼心理，

不但很正常，也很積極，

它讓你有所警覺，

提醒你該做些適當的處理來化解。

05

信念，讓你更有力量

「信念」是運用到「潛意識層面」的觀想，
透過對未來非常具體的想像，猶如已經置身其中般，
帶領自己到達想要去的地方，實現夢寐以求的願望。

我不知道一般人是如何界定「信念」的，但也尊重每個人對「信念」的認知與定義。在我的人生字典裡，「信念」是比「信心」的層次更高一點，若可以拆解的話，「信念」包括：「信心」與「意念」，所以更加強大，且不可動搖。

從小我就對靈性感到好奇，宇宙之中好像有神祕的力量，當時無法分辨靈性的議題，跟很多人一樣，都是從宗教或民間信仰相關，甚至有點怪力亂神的故事或經驗開始的。每一次超乎「科學」或「物理」的體驗，都在不可思議的驚恐中，雀躍不已。

後來深入接觸不同宗教，例如：基督教、天主教、道教、佛教，曾經被宗教的感召與影響所撼動，但也會想要突破人為的框架或限制，直接連結自己內在的神性。最後，我皈依於正信佛教，透過自我修行而找到安頓身心的所在，也持續在靈性發展的道路上學習成長。

在這段旅程中，我曾經短暫誤入歧途。尤其是三十幾歲時，考慮是否要離開科技產業、結束上班族生涯的那段期間，常因為情緒不穩定、信心不堅定，而懷疑人生方向上的選擇，常想藉助無形的力量幫我做決策。

那段時間裡，我常去算命，找過各式各樣號稱會通靈的老師。見識過各種江湖術士，也不乏有幸遇見真正的大師，再加上勤於閱讀哲學與靈性的作品，漸漸找出和自己內在對話的方式。

在這些過程裡，我漸漸學到了：「信心」↓「信念」↓「信仰」，是三個不同的層次。「信心」純粹是「意識層面」的心態，以正向的思考告訴自己：「我可以！」；「信念」是運用到「潛意識層面」的觀想，透過對未來非常具體的想像，猶如已經置身其中般，帶領自己到達想要去的地方，實現你夢寐以求的願望；而「信仰」則是「超意識層面」的連結，未必侷限在宗教層面，而是和整個宇宙的連結。

在本書稍後的篇章，或是也可以前往我的YouTube頻道「吳若權幸福書房」，裡面有許多相關的影片，能一起討論關於靈性的課題。在這裡，你可以先學到：如何透過穩定的情緒，幫助自己建立堅強的信念，帶來不可思議的巨大力量。

如果單靠世俗中所謂的「信心」，往往只是「意識層面」的正向思考，甚至會因為要鼓舞過於強大的意志力，而產生內心的壓力，導致效果適得其反。而且對於沒有真正成功經驗的人來說，要對尚未挑戰成功的事情充滿「信心」，猶如緣木求魚。

要怎麼學習「潛意識層面」的觀想呢？請你先選一個可以讓自己安靜下來的地方，以規律的呼吸節奏，讓所有的情緒平靜下來，無論正向或負向的念頭都歸零，然後啟動右腦的想像，對自己描繪未來你想要到達的畫面。在那裡，你會聽見什麼聲音、看見什麼畫面、聞到什麼氣息、碰到什麼觸覺？經常做這樣的練習，就會將無形的意念，匯聚成強大的力量，帶領自己通過重重考驗，心想事成。

你不妨回想一下，之前是否看過靠念力折彎湯匙的影片；或請你留意，運動界訓練一流選手的課程。其中很重要的關鍵，都在於靠觀想培養念力。這並非教你只要坐著觀想，單靠念力就能達到目標，而是提供另一個思考方向：**追求成功，除了努力付出行動之外，可以多運用「信念」為你增加如虎添翼的力量。**或許，它很無形，卻值得你及早開始接觸與學習。

自從辭去科技業的工作，接著自己創業，歷經了人生的成敗與起落，甚至包括情感或至親的生離死別，每個階段都有情緒波動的驚濤駭浪。漸漸來到熟齡，才知道如何用對方法，平靜自己的情緒，接通靈性的連結，和內在的「超意識層面」共振。我常想，如果可以更早明白這些道理，或許能少走很多冤枉路，因此，想要提醒比我更年輕的你，善用「信念」，堅強自己。

#追求成功，除了努力付出，還必須要有「信念」的力量。

YouTube頻道
吳若權幸福書房

06

要仔細辨認是
眞正的平和、還是壓抑

和諧的人際關係，有助於身心健康，
但不需要靠壓抑自己的感受或情緒來達成。
以壓抑自己取得表面平和，是自欺欺人，對彼此都不公平。

三十幾歲時，我認識一位無話不談的好友，彼此都從對方身上學習不同面向的能量。就這樣來往一年多以後，對方突然對我說，有一件事，他忍耐許久，一直耿耿於懷，希望能吐露心中的不快。

當時乍聽之下，還以「願聞其詳」的輕鬆態度，認真地「洗耳恭聽」，待他說完事情的來龍去脈後，我的心情變得十分複雜，既感到震驚、不可思議，卻也難過不捨。

他說的是半年前發生的事情，大概的情況是我們相約去大賣場購物，他在走道上看到一個小孩在手扶梯附近玩耍，有點危險，直接衝過去勸導孩子，而我沒有配合他的行動，卻在一旁嘀咕：「家長跑到哪裡去了，怎麼沒有把孩子顧好……」

面對這個狀況，我想每個人的感受不同，處理方式也不一樣。他認為我的舉動沒有同理心，我也願意檢討自己的反應和態度。那時的我，只覺得那個孩子並沒有立即的危險性，應該無須大動作的制止，萬一引起家長反感，不免徒增誤會。

與朋友相處，我還滿能包容不同的觀念，但在這次事件有個小小的遺憾：這是一件極為細瑣的事情，若認為我有天大的錯誤，為什麼要拖了半年多才說？

他說，每次話到了嘴邊都難以啟齒，害怕會影響我們的友誼。但我回，你有話不直說，把不滿放在心中，拖了半年一次性爆發，這才會影響友誼吧？

所以到後來，還真的與這個朋友「敬而遠之」，很少再聯繫。這也讓我學到了一個寶貴的經驗：原來，有些人內心的波濤洶湧，連我這樣個性敏感的人，都看不出來呢。或許，對方就是「毛很多」，在相處中，可能無意闖入了他的「地雷區」而不自知；但是認真檢討起來，在不同的時空、不同的場域，我自己也可能會像他一樣吧，或許沒有辦法如他隱忍那麼久，卻多多少少都有過類似的經驗，刻意粉飾太平，只是不想傷和氣。

結果，自己內傷到最後，還是傷了對方，彼此都不好過。

事隔多年，我回想當時他的抱怨，真正令我難過不捨的，雖然包括他的長期忍耐、我們的短暫友誼，但更多的是：每一顆為了表面和平，而委曲求全、壓抑自己的心。

也許，我們都害怕爭端、不想得罪人、顧慮可能會失去的好人緣，還有恐懼上級長官的權威，從第一時間的忍耐，延展成長期的壓抑，久而久之，就變成了習慣。一旦失去了自我的底線，別人就更肆無忌憚地踩進來，形成惡性循環。於是，**愈是想要維持表面的和諧，就愈逼迫自己要壓抑內心真實的情緒。無論是有心或無意，最後都可能會讓健康出現問題。**

二、三十歲的情緒壓抑，到了四、五十歲以後，不但定型成為難以動搖的個性，更會是身體健康的隱形殺手，對心肺與胃腸的傷害最大。錯不在維持表面的和諧，而是長期把「壓抑自己」變成處理內在情緒與人際關係的唯一手段。

和諧的人際關係，絕對有助於身心健康，但不需要靠壓抑自己的感受或情緒來達成。以壓抑自己，取得表面平和，是自欺欺人，對彼此都不公平。有任何不開心的事情，都應該試著讓對方理解你的感受。若有人踩到你的底線，也必須及早警示對方已經越界。

你可以學習「對事不對人」的表達情緒方式，例如：不要在語言交鋒的時刻，火上加油，而是另外慎選表達情緒的時機與場合。再透過心理學的「我句型」，例如：「我心中因為沒有得到支持，感覺有點失落！」讓對方知道你的感受，而不是「你都不主動幫忙，是沒看到我已經忙不過來嗎？」這般指責或抱怨對方哪裡做錯。

如果對方是個不容易、或無法溝通的對象，不妨也可以透過運動或其他方式，先紓解內在的壓力，等恢復理智後，再集思廣益，好好研究應對之道，總會慢慢把問題解決掉的。千萬不要用壓抑自己來粉飾太平，以免有一天突然情緒爆炸，害人又傷己。

 # 不僅自己內傷，還是傷到對方，彼此都不好過。

07

探索冰山底下的美麗與深邃

一個人的意識，只是冰山的一角，
另有極大的部分是沉潛在水面下的巨大底部，
往往是這個隱藏的部分，決定人類的非理性行爲。

如果你願意開始接觸心理學、或是靈性方面的課題，可能會聽過「冰山理論」。其中，最近幾年常被提到的，是由美國家族諮商大師維琴尼亞．薩提爾（Virginia Satir）所提出的「冰山理論」（Iceberg Theory），她將人分為「內在」、「外在」兩個部分，以水平線區分，上面是「行為」，底下則可分成「感受」、「情緒」、「觀點」、「期待」、「渴望」、「自我」等六個區塊。如果你想真正了解一個人，光看他外顯所表現的行為是不夠的，還必須更深入了解他的內在。

薩提爾主張，每個人，都是一個奇蹟！不斷地在成長，而且永遠有改變與創新的可能。她的經典名言之一：「問題的本身不是問題，如何面對問題才是問題」。**即使遭遇到挫敗，只要能找到面對壓力下的因應之道，都會是很好的轉機。**

在心理學地位猶如開山始祖之一的佛洛依德（Sigmund Freud），也曾提出「冰山理論」。他指出：一個人的意識，只是冰山的一角，另有極大的部分是沉潛在水面下的巨大底部，往往是這個隱藏的部分，決定人類的非理性行為。

延伸到靈性學習的領域，同樣也有「冰山理論」，我們用五官所覺知的一切，只不過是冰山的一角，大約只佔5％而已，另有95％不存在於腦，而是存在於心。

讀到這裡，是不是有點明白，卻有些困惑呢？在此舉一個最近來找我諮詢的個案為例（為保護當事人，已酌情修改其背景與身分），來說明這是怎麼一回事。

年約三十五歲的男性，從大學開始至今談過十二段戀愛，其中只有兩段感情維持的時間有超過一年，其他十段戀情都在幾個月之內草草結束。他說自己很渴望安定下來，每段關係一開始也都很謹慎，並非「始亂終棄」那一型，但眼看著自己從「而立」步入「不惑」之年，為什麼還是無法擁有穩定的關係？

經過多次諮詢，他回溯起自己的童年，發現爸媽經常吵架，父親近乎是專制跋扈的家庭角色，讓母親和子女都深深受傷。他曾經發誓，絕對不要像父親那樣，直到諮詢多次後，才發現他處理感情的態度，竟是父親的翻版。

他很容易站在自己的立場，批判正在交往中的對象。即使對方已經表現得夠好了，他還是會以高標準要求，希望對方可以更好。

歷屆情人分手前都曾跟他抱怨：「和你交往時，我覺得你好像糾察隊。」「跟你談戀愛時，你根本是法官。」

當時的他完全沒有感覺，直到最近一次諮詢，他提到和第十一任情人，數次的分分合合。碰到第十二個對象時，這個人的形貌與內在，幾乎就是他心中的完美情人，因而特別慎重地經營，可是愈投入就愈嚴厲挑剔對方。有一天，冰雪聰明的第十二任，直接了當問他：「你是不是還放不下第十一任，所以才每天跟我鬧脾氣？」

而這個問句，竟也出現在我們諮詢的對話裡，我問他：「你是不是還放不下第十一任，所以才每天跟十二任情人鬧脾氣？」他這才驚覺：第十一任情人很會跟他吵架，兩人經常為細故鬥嘴，所以分分合合，但吵架的氛圍正是他童年的記憶，雖不算幸福，但很熟悉，熟悉到容易令人誤會那就是愛了。反而不喜歡吵架、處處包容的第十二任，讓他覺得相處時沒有挑戰性，也不夠有趣味，他無意識地不斷以挑剔的口語激怒對方，但始終無法掀起戰火。這感覺太陌生了，而讓他極度沒有安全感。

結束諮詢後不久，他的第十二段戀情也隨之告終，卻回頭找了第十一任，試圖破鏡重圓。畢竟，那是他少數超過一年的戀情；儘管，其中有很多時間是分分合合的狀態。

我無法預言，這是幸或不幸。但至少他在諮詢中的深度告解，幫助自己看到冰山底下深層的神秘地帶，對過往的行為與感情的模式，有了恍然大悟的註解。

他的幸福有可能在這裡就尋回，或是繼續在情感的曲折巷弄中徘徊。關於冰山底層的美麗與深邃，我們有時是完全的無知；有時是知其然，卻不知其所以然；有時是完全了然於心，但是否能付出行動去改變自己處理情緒的方式，又能否改變頑固的習性，就要看當事人的意願與努力了。

#人的冰山一角，有95%不存在於腦，而是存在於心。

Part 3

鍛鍊

既勇敢也溫柔

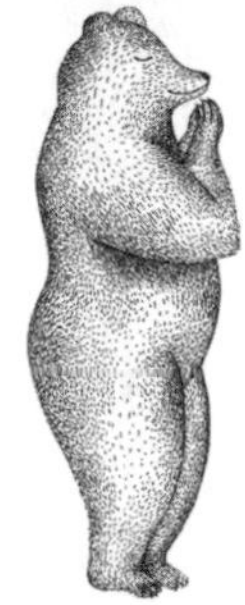

到達第一個夜晚的紮營地，你又累又餓又渴，蚊蟲飛來飛去，陰冷的鬼風呼嘯，你的感覺是？

◯ A. 我相信自己有神明保佑，一切會安全的。

◯ B. 留意有沒有其他登山客經過，可以向他借防蚊液。

◯ C. 跟寶藏比起來，這些都不算什麼！

◯ D. 到附近找尋水源、以及天然防蚊蟲的草藥。

◯ E. 藉此機會可以好好鍛鍊自己的心智。

題目完成度

★★★☆☆☆☆

01

真正的勇敢
是接受自己的軟弱

即使明知勝算不大，還是願意試試看。
那樣的義無反顧，有時比勝負更重要。
即使沒有得到別人肯定，卻值得給自己掌聲！

曾經，我以為自己算不上是一個勇敢的人。但這幾年來經歷多次生離死別、功過成敗之後，更有一種深深的感觸：年少的時候的我，比現在要勇敢很多。

無論是高中、大學、進入社會工作二、三十歲的我，都比現在勇敢；偏偏那時不論是能力或經驗，都是我人生中最軟弱的階段。學業表現差、人際關係不好、工作沒有具體成就。

國、高中時的我，曾遇過課業的挫折、校園的霸凌，對自己毫無自信，可是，那時的我卻鼓起勇氣寫信給素昧平生的輔導老師。透過多年書信往返，才一步一步走出青春時期的迷惘。上大學之後，我依然非常害羞，在班上並不是表現突出的學生，但參加了很多社團。同時，為了減輕家裡經濟的負擔，還主動去爭取工讀和家教的機會。由於希望退伍之後能立刻就業，便積極於求職面試，帶著履歷資料主動一家一家公司敲門。即使在進入職場後，遇到同事黑我，忍無可忍時，我也不會坐視。

回想起那時當下的每一個我，內心其實十分害怕，很清楚自己的能力和經驗都不足以應付眼前的難關。經常坐困愁城，被所有的恐懼撲倒，把自己逼到毫無退路。在無計可施的狀態之下，手無寸鐵的我，只剩下站起來繼續往前走的選擇。

因為這些過往，我才慢慢知道：真正的勇敢，是從願意接受自己的軟弱開始的。也意外發現到：原來恐懼也是一種力量，它會帶著自己踏出去。未必每一步都平順，但總比停在原地要好。

我在人生不同的階段中，發現了「勇敢」在各個階段有不同的意義與表現：天真孩童的勇敢，是因為不知道天高地厚，所以不會害怕，也不在乎自己和別人的評價。幾乎是以遊戲的心情，想做就做。

從青少年走到二、三十歲，經歷過成長中的挫折與失敗，既是掂過自己的份量，也遭遇到來自別人的論斷，或是考試、競賽的勝負經驗，讓自己愈來愈明白，與人相較後能力高下立判的殘酷。

每當自卑感發作，因害怕而退縮，這其實是一種自我保護。因為不想要再被評價、不想要再面對別人的冷嘲熱諷，而誤以為只要不輕易嘗試，就不會惹來非議。沒想到因害怕失敗而軟弱，不肯再輕易嘗試的結果，是從此失去自我。

別人的冷嘲熱諷，並不會因為你的裹足不前而停止。人生最怕的，並不是被人看不起，而是連自己都看輕自己。

就像是一隻不肯拍擊翅膀的鳥，從飛行中墜落，純然辜負了天空的遼闊。一直要到碰觸萬丈深淵，完全不見光的黑暗裡，帶著一種置之死地而後生的覺悟，才會懂得：最糟糕的，並不是軟弱的本身，而是逃避軟弱的自我。

只要你願意敞開心和軟弱對話，這就是與自己和解的開始。它會帶領你離開失敗的處境，看到更多新的可能。

勇敢，並非未經思考就展開行動。那種天不怕、地不怕的衝動，很容易淪為「有勇無謀」。**真正的勇敢所需要的，並不是對於成功與失敗的算計，而是正視自己內在的軟弱，即使明知勝算不大，但還是願意試試看。**只因為把經驗看得比成敗還重要的那種超過勝負算計的義無反顧，未必能獲得別人對你的肯定，但絕對值得你給自己掌聲。

現在的我，回頭看看過往，最稱得上勇敢的，並不是努力掙得什麼豐功偉績，反而覺得當我還一事無成的時候，那個願意承受委屈、忍受羞辱的自己，真的好勇敢啊！

因此，不要再羨慕別人的成功故事，以為只有熬到有傑出的表現，才能證明自己的勇敢；即使此刻的你，覺得自己並不怎麼樣，光是有這份覺察與承認，就需要莫大的勇氣。你知道？很多狂妄自大的人，看起來很厲害，卻連接納自己有所不足的勇氣都沒有，於是錯過可以讓自己更好的機會。

從看見自己軟弱的那一刻開始，你就已經是個夠勇敢的傢伙了！

#人生最怕的，不是被人看不起，而是連你都看輕自己。

02

設定底線，勇於放棄

該把握底線的分寸，不只是時間而已，
如果已盡一切可能的努力、或用了所有可試的方法，
還是沒有辦法達到目標，或許就該考慮放棄。

多年前，有位長輩看我終日埋首於工作，不懂得投資理財，很熱心地報一支股市明牌，說以他的專業判斷，有機會在短期內，獲得30%以上的獲利。一個月後，我驚覺想起看一下股價，發現它不但沒有任何獲利，還慘跌35%。

不知所措中，心存僥倖想說再繼續放一陣子，看會不會回本，沒想到後來它就下市了，變成傳說中的壁紙。

後來我在廣播節目中訪問過不同的理財專家，他們在教別人如何賺錢致富之前，都會提供一個非常重要的觀念：「設定停損點！」也就是：根據自己的財務狀況、以及能夠承受風險的程度，設定一個明確的底線。例如，當購買的股票，虧損到10%或20%，就要當機立斷，將它脫出。

對於金融理財，會有具體的數字，可以設下停損點。但有時候，對於工作或感情上的投資，要設下清楚而具體的停損點，相對較為困難。

例如，主管答應要調整職務內容、或是給予加薪，可是拖了幾個月都沒動靜，委婉地提醒主管，得到的回覆卻是：「還要再等等。」另外一種狀況是，對仰慕者正式告白之後，對方未置可否，只說：「我還沒有準備好開始下一段感情。」

碰到以上這兩種狀況，等，當然是可以等啊，但究竟要等多久呢？若是折磨到心灰意冷的地步，再把時間拖下去，其實也沒多大意義啊。

在一般人的邏輯，會把容忍的底線設在某一段時間的範圍之內。但，我會有另一種角度的思考，就是：把握底線的分寸，不只是時間而已，如果已經盡一切可能的努力、或用了所有可試的方法，還是沒有辦法達到目標，或許就該考慮放棄。因為耗損時間已經很可惜，若是志氣再被消磨，更是難以恢復。

我曾在手機上收到過朋友轉傳的勵志小語：「想開、看開、放開！堅持該堅持的；放棄該放棄的。」讀來很有道理，但最困難的，不就是拿捏底線的分寸，確定「該堅持」和「該放棄」的界線，到底在哪裡？

在之前的工作中，我倒是學到了另一種「設定底線，勇於放棄」的精神。因為研發電腦套裝軟體的規格和功能，在創意發想時，是沒有限制的，可以無限上綱地想像，把它做到最完美的境界，才量產上市。但回歸到市場面，務實的問題是：要花多久的時間去研究開發、需投入多少的成本去生產製造，而最後消費者又願意付出多少金額來購買它？如果沒有考慮好這些因素，只是一廂情願地要把產品做到最好，就很可能因為投入太多、耽擱太久，失去市場機會。消費者最後可能只願意用更少的金額，去購買另一個比它提早上市、但相對更便宜的品牌。

也許理想中的產品規格，可以具備十項創新功能。但因為有投入成本、上市時間、以及市場定價的顧慮，最後只能把最基本的五項功能、再加上最有賣點的三個特色，趕在計劃的期限之內上市，而不是頑固地追求十全十美。

至於割捨掉的其他功能，可以放在往後的新一代產品規格中。你只要去觀察所有電子消費產品，哪怕只是日常使用的微電腦控溫涼風扇，都會發現有所謂「第一代」「第二代」「第三代」；意思是說，所有的產品在上市的同時，都保留了下一次可以再改良的空間。這就是我在商場上學到的人生道理。原來，產品規格的設計也是可以符合「設下底線，勇於放棄」的精神，**把努力聚焦於當下可以完成的事情，而不是糾結於等待未來的發生。**

不論是產品研發、工作投入、情感追求，道理都很相近，不妨試著想想，若不要過度執著於已經付出的、或因為一直等不到真正想要的，就不斷和自己作困獸之鬥，只要適時提醒自己是否該「停損」了，會不會就有機會看到新的可能？

決定放棄以後，難免還是會有一點小小的遺憾。但換個角度想想：那些未竟的夢想，有沒有可能並非時機還未到，而是一開始的目標就設定錯誤，那根本就不是適合你的去處，所以才會不斷的繞路？

#把努力聚焦於當下可以完成的事情。

03

在取捨之間，看清價值

每一件大大小小的事，都會因爲我們的決定，
而有不同的風貌與發展。尤其那些掙扎了許久之後才做出的取捨，
正反應出自己內心深處，最在意的價值。

常有年輕朋友問：「我想換工作，好不好？」因為每個人身處的狀況不同、對未來追求的目標也不一樣，通常我都會在回答這個問題之前，先請當事人釐清：「你心目中的好，是指哪一方面的好？」

那些想要換工作的人，可能是對目前工作的某些條件有所不滿，例如：薪資、工作量、穩定性、成就感、同事主管相處、未來發展等。一旦碰到這樣的問題，往往有兩種選擇。一是繼續留在這份工作，學習想辦法解決眼前的困難；另一個選項則是：找一個新的工作，重新開始。

究竟哪一種做法會比較好呢？其實也沒有絕對的定論。但如果連續換了幾份工作之後，還是不斷地碰到相同的問題，很可能就表示：換再多工作，都沒有辦法逃避掉這些困難，不如好好學習解決這個困難的技巧。

人生碰到每一個狀況，多半會有兩個選項。在思考如何做決定的同時，往往面臨的都是取捨的難題。

有時連中午吃飯，也都會有類似的抉擇困難呢！例如，想安安靜靜一個人吃，順便休息一下；或是，要跟同事們呼朋引伴去吃，順便聊聊八卦。

你瞧，是不是每一件事情都會至少有兩個以上的選項，在做決定的同時，可能背後都有一個支持你做這個決定的理由。取捨之間，就可以看清楚自己的內在價值。

哪怕你懶得花心思為小事情做決定，不假思索地選擇了其中一項。連這個「懶得做決定，就隨便選一個」也都是一種價值觀的展現。

但有時候碰到人生重大抉擇時，會特別感到茫然，那是因為我們害怕做完決定的後果，完全超過自己的能力、或意願，所能夠負擔的範圍。所以，才會更加猶豫啊。

我在科技產業工作五、六年之後，曾經興起轉換跑道的念頭，很想跳槽到消費性產品的領域，歷練不同產業的行銷企劃。好不容易得到唱片公司的工作機會，但因為產業結構不同，必須調降薪資標準，每月減少約新台幣一萬元，這讓我陷入兩難。

繼續留在科技業打拚，是我非常熟悉的領域，而且也累積了豐富的工作經驗與個人信用；如果在這個時候轉換到唱片公司，一切就得重新來過，光是福利待遇的差距，就令我猶豫非常久。

幸好唱片公司老闆能夠理解，願意給予半年的時間考慮。我還拿出大學時在修習企業管理時非常擅長的各種分析工具，類似「競爭優劣勢分析ＳＷＯＴ」、或是以表格詳細比較兩份工作的薪資水準、辦公環境、工作成就、同事相處、發展潛力等因素加權比較。

問題是，做了無數次分析，繼續「留在科技業」的分數，都遠遠超過「跳槽去唱片業」。持續煎熬好幾個月之後，我還是決定放棄理性的分析，選擇感性的熱情，遞出辭呈，投效唱片業。

這是我當年的決策模式，面對的是自己三十歲之前重大工作的決定。現在回想起來，依然能夠感受到當時難以抉擇的困擾，以及做完決定之後的熱血。因為對於人生夢想的追求，往往都是非理性的。透過反覆的自我對話，以及各種分析之後，我放棄理性的判斷，沒有繼續留在科技業，而跳槽到唱片公司，選擇了感性的熱情，正好能夠突顯出夢想與熱情的可貴。

生活中每一件大大小小的事，都會因為我們的決定，而有不同的風貌與發展。尤其在那些掙扎了許久之後才做出的取捨，正是反應出自己內心深處，最在意的價值。

也許每一次做決定的時候，想法都不太一樣，但只要做過愈多次的取捨，就會愈來愈清楚自己真正在意的是什麼。即便多年以後，感到後悔，都能為下一次的取捨，累積寶貴的智慧，也將可能因此而更了解自己一些。

#每一次的取捨，都更能了解自己一些。

只要你願意敞開心和軟弱對話，
這就是與自己和解的開始。
它會帶領你離開失敗的處境，
看到更多新的可能。

04

謹慎地經歷所有的挫折
不要讓失敗成爲一種習慣

並非所有挫折都可以化爲成長的養分，
要從失敗中學習處理負面經驗，
找到避免下一次再犯錯的方法！

因為青少年時期曾有過失學的經驗，讓長大後的我知道：失敗，很容易變成一種習慣。第一次考不好、第二次考不好，就會把第三次視為理所當然。

職場上的人際關係也是如此。別人霸凌你一次、就會有第二次，當你不做出任何反應，霸凌你的人，第三次便習以為常了。

沒錯。習慣可以分為兩種：有一種人是「習慣成功」，於是，他後來成為人人羨慕的「人生勝利組」；另外一種人就像早年的我，「習慣失敗」，把挫折當成家常便飯。

一旦習慣了所謂的「痛苦的舒適圈」，既不掙扎、也不奮鬥，日復一日，終於把自己的人生活成了一鍋水煮青蛙。

解構「習慣成功」和「習慣失敗」這兩種不同的心態，就會發現「習慣成功」的人，通常會在學習成長的過程中，培養出「成功的習慣」；而「習慣失敗」的人，也會在不斷經歷挫折的過程中，培養出「失敗的習慣」。

所謂「成功的習慣」，是不斷地為克服困難，尋找各種不同的方法。而所謂「失敗的習慣」，則是在遭遇挫折之前，沒有足夠的準備，等到挫折發生之後，又不斷地替自己找藉口。

剛入社會的我，選擇投入科技行業，經歷電腦硬體與軟體研發。我發現這些電腦系統設計，都有所謂的「預設值」（default value），例如，在螢幕上的圖示連續敲擊兩下，就可以啟動應用程式。又如，按滑鼠右鍵，就可以出現選單。再如，滾動滑鼠中間的輪子，就可以向上或向下拉動卷軸。

應用這個觀念來看待人生，不妨想想在你開始做任何一件事時，對於結果的預設值，是成功、或是失敗？

如果你的「預設值」是成功，就會盡一切可能地去避免錯誤的發生，即便在過程中會出現大大小小的挫折，也會把這些異常當作一個提示的警訊，並從中找到如何調整與修正的方法，讓整件事情可以朝成功的目標，繼續前進。

假使你把「預設值」設定為失敗，那就等同於一開始，就把成功視為不可能，事前既不會克盡全力去預防各種挫折發生，事後若不是怪罪於別人，就是自暴自棄，不肯積極去思考突破困境的方法。

我剛進入職場時，工作上需要大量使用英文，和其他國家的研發團隊溝通，裡面還夾雜很多專業術語。無論是面對面的會議、越洋電話的溝通、公司內部文件的往來，都讓我覺得困難重重。偶爾犯錯，便再三懷疑自己是否足以勝任？

為了不想放棄這份工作，我開始利用下班時間加強自己的英文能力，並且請主管推薦給我一些專業相關書籍回家研讀，逐漸減少錯誤發生，才慢慢度過難關。

「相同的錯誤，不容許犯第二次！」這句話聽來或許有點嚴苛，卻可以時時提醒自己。謹慎經歷所有的挫折，不要讓失敗成為一種習慣！也因為並非所有的挫折都可以化為成長的養分，我們更要從失敗中學習經驗，才能找到避免下次繼續犯錯的方法！

妥善處理每一次挫折的經驗，在其中分析失敗的原因；從每一件小事，去調整、校正並改變自己的態度與方法，就不至於偏離成功的目標太遠。

也因此，我將公司的「品管圈」管理概念，應用在自己的工作流程中，像是利用「魚骨圖」、「樹狀圖」等分析工具，來幫助自己找出工作流程中的問題，事先分析可能失敗的原因，進而加以預防。即使有一些因素是事前因經驗不足而沒有預想到的，也能夠在挫折發生之後，找到改進原因以及補救的方法。

即使你正在面對完全沒有經驗值的事情，都可以試著懷抱「慎始善終」的心態，謹慎地從事每一個細節，雖願意接受挫折的可能性，但不要篤定地認為失敗是理所當然。既允許自己犯錯，卻又戒慎恐懼地叮嚀自己盡量不要失誤，是一種非常美好的經驗，不妨試著好好體驗看看。

#不要篤定地認爲失敗是理所當然。

05

用好奇心取代批判

不要在第一時間妄下斷言，才能讓好奇心發揮到最大，
以輕鬆有趣的態度去探索，這世界除了自己這樣的想法之外，
是否還有其他更多的可能。

之前在工作場合上，曾遇見過幾位工作能力非常優秀的年輕人，只可惜他們時常未經仔細的觀察與思考，就直接快速地論斷別人。不論是客觀的評論、或主觀的批判，很容易一不小心就在第一時間為自己樹敵。

尤其，台灣這幾年來電視政論節目十分普遍，每位名嘴都各自抱持立場捉對廝殺，讓民眾有一種錯覺：如果要表現出很有主見的樣子，就是要嚴厲的批評別人，而忽略了真正能站得住腳的見解，其實是來自反覆的思辨，而不是在沒有足夠的觀察思考與辯證，就妄下定論。

回想起來，我從小就是一個比較敏銳的人，相對的直覺也很準。喜歡這種個性特質的朋友，會很欣賞、甚至依賴我的鐵口直斷、愛恨分明。但難免也會因為這種個性所衍生出來的行事風格，而無意間傷害到別人，因此，有些人說他很怕跟我在一起，原因竟是我言語太尖銳了。

之後，在與人相處的經驗中觀察到，太早提出批評事情、或太快論斷別人，會有下面這幾種副作用：就算你講出這個意見的當下，都符合事實，但過度心直口快，常常沒有為他人留餘地；相對之下，難免流露出一些無知的傲氣，覺得自己很會、很厲害，而忽略了對方的感受。

另一個缺點是，世界上每一件事情都處於無常的變化之中，也許你從現在看到的事實，可以預測出最近的未來，可能的發展趨勢。但中間的變數非常多，過了一段時間之後，人的想法改變了、或事的變因增加了，一切的狀況就隨之不同。

更何況，**每件事情都是一體兩面，如果只針對於表面所看到的現象來做批評和論斷，事實真相可能並不如自己想的那樣。**

隨著工作經驗越來越豐富，自己對事情的判斷也越來越準確，尤其在我擔任顧問期間，經常要幫公司透過面試來挑選人才，或參加重要的決策會議並提出建言。我反而會提醒自己要用更開放的態度，先傾聽不同的意見，千萬不要太快速地妄下定論。

一方面是因為在慢慢走向成熟的過程中，開始懂得收斂；另一方面，確實也因為體驗過集思廣益的好處，讓所有的決策都更加周延。

對現在的我來說，立刻批判一個人或論斷一件事，就像是還沒有真正走進一個房間，就關上那一道門，阻礙了自己原本可以探索的空間。反之，如果抱持著好奇的態度，不要預設任何的立場，去觀察一個人或研究一件事，就像是為自己的生命多打開了一扇窗，讓思考和眼光都能更加寬闊。任意批判一個人、或論斷一件事，常在口舌之快的成就感中，更加堅持自以為是的正確性。相對地，也輕率地將對方貼上錯誤的標籤。

《聖經》馬太福音7章1～6節，有段經文寫著：「你們不要論斷人，免得你們被論斷。」告誡世人，論斷別人就像是一隻迴力鏢，當你對著別人投擲出去的同時，也正在迎接它回到自己的身邊。

《金剛經》的說法則是：「凡所有相，皆是虛妄。若見諸相非相，即見如來。」認為所有的批評與論斷，都是虛妄的，因為我們所看到的，都只是表面而已。

讓我真正學會不再輕易地憑直覺發出評論，並不只是來自道德和宗教的紀律要求，而是不想要封閉自己的好奇心。正因為不要在第一時間妄下斷言，才能夠讓好奇心發揮到最大，以輕鬆有趣的態度去探索，這世界除了自己這樣的想法之外，是否還有其他更多的可能。

最終受惠的，永遠是自己。當我不再妄下斷語去批評別人，也就可以更寬容地對待自己、不再輕易地論斷自己。永遠對自己保持好奇心，不再給別人貼上標籤，我也可以撕去自己身上更多標籤。

我可以是顧問、是作家；也可以是咖啡師、廣播節目主持人。而在更多的時候，其實我什麼都不是，就只是我自己而已。

#不再給別人貼上標籤，也可以撕去自己身上更多標籤。

06

先說yes；再說no
既不討好；也不吃虧

只要不是太不合理、或不合法的要求，
不在第一時間就拒絕對方，
是給自己保留一個選擇的機會。

市面上有很多書籍、或是溝通的課程，都在教導你：「如何說『不』？」可見對於許多人而言，「果斷地說『不』！」並非容易的事。

有別於「果斷地說『不』！」，另一種「意氣用事地說『不』！」凡事未經思考，純粹只是情緒或觀感不佳、或為了保護自己的低自尊，而刻意和對方唱反調，這種「脫口而出的『不』！」很簡單、很瀟灑，但往往事後會讓自己後悔。

或許是因為傳統華人社會的家庭教育，很容易讓孩子在長大之後的應對變得兩極：不是習慣於委曲求全地照單全收，一律說「Yes！」；就是叛逆到六親不認，皆以「No！」回應。

在這樣環境中不知不覺中長大的你，一定要回過頭訓練自己，**好好思考如何說出「Yes！」和「No！」，既要表達自己真正的想法，也能顧及對方立場。**

對我而言，在工作上的原則，向來是盡量對別人委託的事情說「Yes！」；若是工作以外的私領域，則較容易隨興說出「No！」

那是我到某科技公司上班第一天，才發現原本由我負責的產品線，臨時被撤換掉了，而改為負責一條必須重新學習的產品線。事發突然，當時我內心雖然感到害怕，但也鼓勵自己勇於接受不同的挑戰，不如先答應了再說。

儘管為了學習全新的專業，確實讓我吃足苦頭。我是學商的，突然要改攻工程、機械領域，一切從頭開始。

辦公室的前輩推薦了許多理工、資訊與管理方面的書籍，我每天下班後，好像被逼著要回到學生時代猛K書。直到有一天，前往工研院拜訪一位很資深的工程師，他突然問我：「你大學是念電子科系的嗎？」我才慢慢有點信心，覺得自己已經漸漸可以融入這個產業了。不過事後證明，勇於接受新挑戰、擴展新領域，這讓我在日後的工作選擇上，有更寬廣的空間。

還有一次，公司指派我為總經理整理他預計在雜誌發表的專欄文章，那時的我還沒有正式寫作的經驗，接到這項任務，內心十分惶恐，仍硬著頭皮學習文字紀錄、採訪編輯、與人應對等。而這也始料未及地讓我在往後的人生，有機會從科技的行銷與管理領域，跨足到創作與出版。

相對於工作上的隨遇而安，在人際關係方面，我就沒那麼容易妥協了。當時身邊的同事們多是未婚男女，平日工作壓力很大，每個月總會有一、兩次的週末下班，大家呼朋引伴去夜店跳舞。

由於個性的緣故，我向來對於喧鬧的場合一點興趣也沒有。每當同事們相約去夜店，我總是任性地拒絕。因為沒有影響到工作，至少還不至於到被刁難的地步，但沒有任何私人情誼、太過於公事公辦的作風，還是讓我在許多跨部門的業務中，不免感覺到被卡關。後來因為參與了一次慶功宴的活動，使得狀況為之改觀。在結束年度大型電腦展之後，幾個部門的主管邀請相關同事聚餐後一起去夜店續攤。當時的我也覺得自己應該要好好放鬆一下，因而破例參加了那次的活動。

等到我真正身處於那樣的氣氛與場合，才發現實際的情況並沒有自己想像的那麼糟糕。如果不愛跳舞，可以跟同事聊天；如果不愛喝酒，可以點不含酒精的飲料；如果不愛喧鬧，也可以靜靜欣賞別人的互動。

當下我突然覺得，之前一再拒絕別人這樣的邀約，簡直是用孤僻來封閉自己。其實沒有必要，偶爾答應一次，既是放鬆、也是歷練，並沒有不好。

現在的我回頭看當年二、三十歲的自己，覺得每一次說「Yes」和「No」似乎都決定得太輕率了。如果在對方提出要求的當下，只能有這兩個選擇的話，只要不是太不合理、或不合法，不如先說「Yes」吧。先說「Yes」並不會吃虧，也不是為了討好對方，而是給自己保留一個選擇的機會。

至少可以先說：「好啊，讓我考慮看看！」過一段時間，再回應對方，不要在未經思考之下，就先回絕，這麼做也可以讓彼此都留點餘地。

#不是爲了討好對方，而是給自己保留一個選擇的機會。

07

比勉強答應更好的作法是學會拒絕的藝術

說「不」時，態度堅決，語氣溫和。
讓對方知道你雖然無法幫這個忙，
仍然樂意與他一起想辦法，解決眼前的困難。

儘管我鼓勵你，在接受到別人的請託時，只要是合情、合理、合法，都盡量說「Yes！」但說真的，如果因為不善拒絕，而把別人推過來的雜事，全都攬下來，自己也會很不開心。

尤其是那些人情的請託，完全不關你的事，而你也不想佔用私人的時間去幫忙，大可以委婉地說明無法幫忙的原因，並且和他一起想辦法，找到其他的替代方案。

比勉強答應更好的作法是：學會拒絕的藝術。這時候，只要記得以下的要領——說「不」的時候，態度要堅決，語氣要溫和。讓對方知道你雖然無法幫這個忙，但仍然願意和他一起想辦法來協助解決眼前的困難。

別人想找你幫忙，不一定是看你好欺負、或是故意要佔你便宜。很可能只是情急之下無計可施，想要找一個人願意對他伸出援手而已。這種為難的狀況，常會讓人誤以為：對方是在針對我這個「人」嗎？而忽略了對方其實只是想找人解決他手邊急著需要協助的「事」。只要你能夠分清楚「人」與「事」兩者的不同，就不會落入情緒的陷阱，本末倒置地傷了彼此的和氣，自己也覺得委屈。

因為對方急著要解決的，是手邊令他覺得棘手的「事」，並不是針對你這個「人」，而故意來找麻煩的。即使你想拒絕對方的請求，也不要有「被害者」的念頭，反可以試著以善意替他著想：除了我，還有什麼管道能夠幫上他的忙呢？

在倉促拒絕對方之前，沒有設想周到，很可能會發生令彼此感到遺憾的事。例如，對方當下被你拒絕後，事情並沒有因此而得到解決，卻使得你們的關係變得很差。更糟糕的狀況是：雖然你百般無奈地拒絕，那件棘手的事情，被推來推去，最後卻還是落到了你的頭上。

之前在科技公司擔任廣告企劃時，常有其他部門的主管或同事，知道我對美術設計與文案略有涉獵，便要我幫忙設計公務用的海報或私人卡片。

其實這些都不是我份內的工作，但只要時間允許，即使加班，我都會替對方完成。沒想到大家「呷好道相報」，漸漸地，這些額外的工作不僅接不完，還嚴重影響到我的私人時間和情緒。

也導致有一次實在忙不過來，而差點要當場扯下臉來拒絕對方，但冷靜後再三斟酌，這麼做並無法解決問題。於是，我先評估自己是否有足夠的時間與能力來協助對方完成，如果沒有辦法，就會轉介外部的資源，並提供聯絡資訊供他們參考。

雖然對方可能要花一點小錢，卻可以得到更專業與快速的服務，我也因此而能夠在禮貌地說「不」之後，還能讓自己全身而退。

以上述這種狀況為例，心思周密地應用說「不」的藝術，其實不只保護你自己，也能顧全你和對方的共事關係。在這些緊要關頭，必須學習謹慎說「不」，以免傷及對方自尊之後，反而損及自己的權益。

若在辦公室裡，面對主管提出超過你職責範圍、而且很不合理的要求時，當下最好的明哲保身之道，就是：先禮貌地委婉說出自己目前工作的處境，看看是不是可以商量其他處理的替代方案，讓對方知難而退。

需要特別留意處理的是，如果這樣的狀況，是發生在公開場合，而且對方是你的直屬長官、或是手上握有很重要權柄的人，為了替對方顧及顏面，也保護自己日後不被對方報復，你未必要當眾直接以嚴厲的口吻拒絕，以免讓對方難堪。

你可以先客氣地說：「我大致了解您的需求，我手邊正在處理一個很緊急的案件，能不能我們另約個時間討論，讓我向您進一步再多請教，看看我是不是能夠勝任？」或許，視當場情況、評估雙方交情與信任程度，也能試著用幽默的方法，給對方一個軟釘子碰。例如，「長官這樣的抬愛，看重我的能力，但我時間上真的負荷不起！」

如果上述方法都無效，這時一定要保留證據，透過公司內部的申訴管道，或向在地的主管機關求助，才不會因為這些困擾，妨礙你應有的工作權益。

#不要倉促的拒絕任何事情。

08

不必堅持到底
但一定要再試一下

世界變動太快，目標需要不斷地修訂與調整。
努力的同時，也必須要建立檢核點，
去評估執行的方法，是否真正有效。

某次到圖書館查找資料時，認識了一位年約三十歲正在苦讀的朋友。他的神情看起來非常疲憊，沒有衝勁，對人生感到困惑。

他出生在雙親都是公務人員的家庭，大學還沒有畢業，父母就要他認真準備公務人員考試。從學校畢業到現在，已經花了七年的時間在準備公職考試上。每一年都以些微的分數落榜，甚至其中有幾年是只差不到兩分就可以上榜。

雖然他禮貌上客氣地問：「若權大哥，我還要繼續考下去嗎？」但，我明顯地感受到，他依然會繼續考下去，因為他並沒有做好展開新跑道的準備。

幾天前見面時，他又問：「我這樣堅持到底有錯嗎？」這讓我想起，去年夏天來社區管理中心短暫值班的一位兼職人員，初次見面就發現他跟一般正職的管理人員有些不同。上班沒事時不是在聽音樂、或滑手機，而是專注地看書，而且是準備考試專用的教科書。於是，我上前關心地問他，是什麼機緣才會來這裡工作，他便說起自己的故事。現年三十出頭，一年前因為公司營運不善，裁撤一半以上的員工，突然面臨失業的他，在求職的過程中沒有很順利，於是下定決心參加公務人員考試，希望能夠為自己爭取到穩定的工作，才能有足夠的經濟能力照顧家人。

幾個月之後，考試放榜，他很順利的成為一名公務員。

這兩個例子，讓我看到截然不同類型的「堅持到底」。前者，看起來像是在打一場遙遙無期的戰役；而後者卻有一役定江山的決心。

我很好奇，中間的差異到底是什麼呢？仔細比對這兩種不同的心態，我後來發現：原來，所謂的「堅持到底」，並不是日復一日做著相同的事情，那只不過是例行性的重複而已。如果沒有在過程中去改變方法，或修訂目標，這樣的堅持不過是一錯再錯的復刻版而已。

「堅持到底」的重點在於，並非時間的延續，而是著重於你對目標的動機是否足夠、以及努力的方法是否正確。不是只要站在同樣的地方，以同樣的方式，繼續做下去就好。

相對地，我身邊也有很多擔任主管和老闆的朋友，會很感慨的說：「現在年輕人很容易放棄，只要有一點點的不順心，就不想再繼續下去。」

於是，我拿這個問題詢問年輕的朋友們，他們的回應卻是相當一致的思考邏輯，比較像是：一顆蛋，咬一口就知道它是壞的，沒有必要把整顆吃完啊。其實，這樣的想法也沒有錯。畢竟青春有限，如果在一份工作上花了幾個月的時間，還是找不到執行的竅門、並獲得成就感，的確不該再繼續浪費青春。

不過，能不能在放棄之前，容許自己再試一次呢？尤其是針對目前的現況，修訂目標、改變方法，而不只是複製上一次的經驗，繼續做下去而已。

仔細去拆解、梳理自己到底是在堅持什麼？是堅持目標、或堅持方法。如果堅持的是目標，可能要想想這個目標夠不夠遠大？能不能帶來長久的熱情與動力？如果堅持的是方法，要看這個方法，是不是足夠有效？能不能帶著你去完成目標？

以我現在的角度來看，世界變動得太快，不必過度地堅持既定的目標，而是要隨著時間與環境的改變，不斷地修訂與調整。同時也必須要建立檢核點，去評估執行的方法，是否真正有效。

說到這裡，要堅持到底的不是目標、也不是方法，究竟要堅持些什麼呢？如果一定要給出一個可以參考的意見，我的回答會是：信念。

堅持你對人生的信念。也就是，只要你對自己的本質有所認識，對自己的未來有所期許，你要相信著：**「自己想做的事情，就一定做得到！」**如果你想做的那一件事，正好可以為別人創造出更大的價值，那麼，你的信念就會從「小我」擴展到「大我」，而顯得更有力量。

#不是複製上一次的經驗，繼續做下去而已。

世界變動得太快，
不必過度地堅持既定的目標，
而是要隨著時間與環境的改變，
不斷地修訂與調整。

09

那不是你的錯

別再過度自我苛責，被不必要罪惡感淹沒理智。
若能釐清責任的，就不用搶著幫別人背黑鍋；
若暫時分不清誰該負責的，就先把問題解決再說。

有句話說：「不爭功，不諉過。」遇到需要釐清權責與績效的時刻，好像只要能夠做到這樣，就可以讓自己光明磊落。假如你從小就被教導成「溫良恭儉讓」，甚至，還要求自己「一日三省吾身」，不斷地檢討反省，往往就會深陷在過度自責的思路中，造成自己和別人的困擾。每一次的自省，都帶來更深刻的自責。

歸咎責任時，如果很多事情並不是自己造成的，卻要把所有的錯誤都往自己身上攬，過度的自我苛責，只會帶來沉重的罪惡感，更嚴重的話，還可能會阻礙人生的成長。

你可以試著思考：願意主動承擔責任，勇於認錯，有時候未必是美德。除非你對號入座的，是真正符合責任歸屬中自己該負責的範圍。若非與自己行為或職責直接相關的錯誤，過度自責只會造成他人的困擾。

之前我曾經為一個海外客戶舉辦大型研討會。其中有一位主講嘉賓，委託我的團隊協助製作現場簡報。中間來來回回修改了好幾次，沒想到在正式演講的場合上，當著一千位與會者的面前，透過巨型螢幕顯示牆所播放出來的投影片，標題出現了一個很明顯的錯字。

主講嘉賓當場並不以為意，毫無芥蒂地順暢進行完畢。但負責操控投影片的一位同仁，當場就在舞台後方崩潰大哭。

他認為是自己沒有處理好，才讓這場講座的投影片出現瑕疵。其實他並沒有直接參與簡報製作與修改，也不是這個專案的主要負責人。站在責任與權力必須對等的管理觀點上，完全找不到任何需要他如此自我苛責的理由。

他很可能是因為自身的個性追求完美，而且對工作充滿熱情、具備高度的榮譽感與責任心，一旦出現一些不如預期的插曲，內心就會感到無限的挫折。即使身邊的同事、主管，一再地安慰：「那不是你的錯！」還是無法讓他釋懷。

為什麼會有這些過度自我苛責的反應呢？

這種個性的形成，多少跟童年成長經歷有關。如果小時候，父母是採取比較嚴厲的教養態度，很少給予孩子一句肯定、鼓勵與讚美，而且無論做什麼事情、穿什麼衣服，都對孩子百般挑剔，即使考試成績已經達到八、九十分以上，他們還是覺得，沒有考一百分，就表示自己還不夠認真、不夠用功。若是上述的成長環境，常常容易造成孩子長大之後，永遠不滿意自己，不斷地挑剔自己。

還有另一種可能，是在童年成長的過程中，經常面對父母爭吵而無力介入處理解決，而使得孩子無奈地猜想：「爸媽之所以會吵架，應該都是因為我吧？」這種深沉的無力感，也是長大之後，容易自我苛責、常有罪惡感的原因。

就現在的我而言，則會告訴自己：「那不是你的錯！」這樣的建議並不是要你推卸責任，而是要在事情發生錯誤時，學習去釐清真正的因果關係，以及處理的先後順序。如果是自己應該負責的範圍，因為一時疏忽、方法不對、或未盡全力，的確是可以檢討改進的。

相對地，如果是出錯的原因比較複雜、分工也不清楚，雖然你可以很有勇氣去面對這樣的錯誤，但並**不需要在第一時間去追究是非對錯，更優先要處理的，是想辦法去解決這個問題，而非不分青紅皂白，搶著去道歉、自責。**

別過度自我苛責，被不必要的罪惡感淹沒理智。若能釐清責任的，不用搶著幫別人背黑鍋；若暫時分不清誰該負責的，就先把問題解決再說。

雖然願意承認錯誤、承擔責任，這都是好事，但一定要在心情平靜、而且合情合理的前提下為之。如果沒有經過這些思考，就在第一時間，帶著情緒化攬下所有責任、承擔錯誤，只會讓別人覺得你很神經質。更甚者，還可能誤會你意氣用事。

#過度的自我苛責，可能會阻礙人生的成長。

10

讓心不再委屈
主動做選擇

有些事件的發生，並不完全是自己能掌控的，
但對應這個情況所反映出的情緒、和解決問題的方法，
卻都是自己可以選擇的。

相對於「苛責自己」；另一種面對事情的極端反應是「怪罪別人」。表面上看起來，這兩種反應大不相同；在心理上，卻有共同點，就是：因為不夠自信，而感到內心有很多委屈，圍繞在負面情緒上打轉。

遇到每一件事情都怪罪別人，反映出這個人的內在有所謂的「受害者心態」，千錯、萬錯，都是別人的錯，自己是無辜被牽累的。

因為工作的關係，我經常接觸到形形色色各種不同個性的人，從中觀察「受害者心態」的行為，可簡單歸納出以下四種特徵，你不妨參考看看，自己或身邊人是否有這些表現。

1被動式：有「受害者心態」的人，言談之中常會使用這兩種很相似的句型：「若不是因為○○；我就不會○○」、「就是因為對方○○；我才會○○」

這兩種句型，就是把自己的行為和決定，緊扣著環境或是別人的變因。彷彿一切所作所為，都不是出於自己所願意的，也不是自己獨立思考判斷的結果，都是被牽連的。

2愛抱怨：認為自己遭遇的一切，尤其是碰到一些不好的事情，都是因別人而起的，不是自己所能掌控的，很容易心生不滿，於是經常對人抱怨。

例如，氣喘吁吁小跑步到公車站，眼看著一部剛剛靠站的公車，剎那間又關上車門揚長而去，「受害者心態」的想法會直覺反應：「公車司機太差勁了！就連這5秒鐘，也不肯多等一下？」

若能擺脫「受害者心態」，就比較有機會平靜地接受這個事實，耐心等待下一班公車，並提醒自己：下次要早一點出門。

3生悶氣：與「愛抱怨」恰好是一體兩面的行為表現。因為「受害者心態」導致心裡埋藏了太多的委屈，若沒有機會透過「愛抱怨」發洩出來，就會變成「生悶氣」。這是極大的負面壓力，不但會影響身心，累積到爆炸的臨界點，很可能會讓自己、或最親近的人受傷。

4不原諒：不論任何不順心的事，都覺得是別人造成的，自己才是無辜的受害者。愈是覺得自己無辜，就愈不容易原諒別人。

在生活中一直抱持「受害者心態」，充其量只是耍賴、卸責，並不會讓人生變得好過一點。若能試著換個角度想，就會發現：改變這一切的關鍵其實是操之在己的。有些事件的發生，並不完全是自己能掌控的，但要對應這個情況，所反映出的情緒、和解決問題的方法，卻都是自己可以選擇的。

當被對方激怒時，你覺得這是誰的責任呢？

不論對方基於什麼樣的理由、用什麼方式激怒你，那是他的選擇；而你在這個時候，會做出怎樣的情緒反應？表現出怎樣的行為？卻是你可以決定的。

我們每一個人都要學習，在「受害者心態」和「主控者思維」這兩項中做出選擇。想要對自己的人生負責，最重要的意義是：時時刻刻保持一份清明的覺知，提醒自己是「主控者」，而不是「受害者」。

《QBQ！問題背後的問題》的作者約翰．米勒強調：「個人擔當」，他建議讀者碰到任何不順遂的事情時，盡量不要去問：「為什麼是我？」而應該改用另一個思考的方向，問自己：「我能做些什麼？」

多用這樣的方式練習，應該有助於擺脫「受害者心態」，主動回應生命的腳本，對自己的人生負起全部的責任。

#提醒自己是「主控者」，而不是「受害者」。

Part 4

專業

成為閃亮的存在

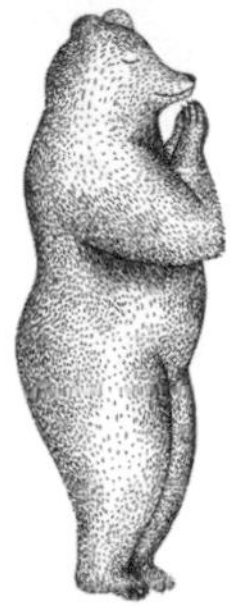

隔天清晨，你再度出發往下一站，是山谷中的一個市集，你最想要得到的是？

- ◯ A. 可以看到無限遠方的望遠鏡。
- ◯ B. 請小販傳授攀山越嶺的經驗。
- ◯ C. 各種工具的百寶箱。
- ◯ D. 一面可以修整儀容的鏡子。
- ◯ E. 能許願成功的神燈。

題目完成度
★★★★☆☆☆

01

定期更新履歷
盤點職場競爭力

無論是否想要換工作，都可以把履歷投擲給具有發展性的公司，
不妨藉由面試的機會，試探這份履歷在就業市場上的價值，
也掂掂自己在職場上的份量。

履歷的功能，不是只有找工作而已，它可以用來檢視自己每一個階段的努力成果，以及累積了多少實力，進而盤點你在職場上的競爭力。

通常你都是在什麼時候準備履歷呢？有句話說：「書到用時方恨少！」會不會只有在準備找／換工作的時候，才驚覺自己的履歷還沒有準備好？

其實，現在就連學生為了進入好學校，都得好好準備一份亮眼的履歷，更遑論是上班族呢！可惜的是，很多人都沒有真正認真看待這件事。

之前在主持廣播節目時，時常有聽眾打電話進來，傾訴在工作上碰到的困難和委屈。通常他們會接著問：「若權大哥，我留在現職很痛苦，該不該另謀出路呢？」

在進行更深入的討論與分析之前，我都會問：「你準備好履歷了沒？」大多數得到的答案，都是：「呃，還沒耶。」

根據我長期的觀察與統計，大約有90％的上班族，在無法忍受眼前的工作，忿忿不平而想要掛冠求去的同時，並沒有準備好自己的履歷。如果連這個最基本的動作都沒有完成，就想要換工作，會讓人感覺他彷彿單純只是情緒發洩，並沒有準備好要實際行動，而且也無法繼續討論和評估下一個工作到底好不好。

為什麼呢？因為他根本就沒認真且理性地思考過：現在的工作，究竟哪裡好？哪裡不好？也沒有認真檢驗自己的能力，是否足夠在職場上與人拚搏？

履歷是工作歷程的重要紀錄。它的功能，絕對不只是幫你找到另一份新工作的敲門磚，更重要的是：對於每一階段的工作經歷，做出重點式的摘要與整理。

一份好的履歷，並不是流水帳式地記錄工作內容，或你在某一段時間所服務的公司名稱、職務級別，以及服務的起訖日期，而是精確詳實地彙整工作的經驗與績效。不但可以讓自己能夠條理分明地了解，在日復一日的工作中，付出了多少努力、得到哪些成果；也可以感動正在看這份履歷的人，分享你的個人成長與工作成果。

能夠打動人心的履歷，除了摘錄重要的工作績效與專案成果，即使是挫敗經驗，只要能具體描述在過程中得到的啟發，都會很吸睛。

甚至還有更高的層次，是你如何應用在這個階段所得到的經驗，發揮到下一份工作。而這一份經驗可能正好就是你的未來主管正在閱讀這份履歷表時，所重視的特質。

無論你是否有換工作的動機和意願，都應該定期更新履歷，並且把這份經過你精心整理後的履歷，投擲給未來具有發展性的公司，不妨藉由面試的機會，試探這份履歷在就業市場上的價值，掂掂自己在職場上的份量。

有些朋友聽了我的建議，還是會擔心，萬一被主管知道了，會不會因此而被懷疑自己對現任工作的忠誠度？

這個疑慮確實值得重視。不過，以職場的現實面來說，並非你一廂情願的要對現在任職的公司展現忠誠，公司就會肯定你的存在。與其在情感上忠於公司，不如同步也在理智上忠於自己的專業。當你擁有被挖角的機會與身價，反而願意繼續留在目前的工作打拼，或許是更值得肯定的價值，也讓自己擁有更多談判的籌碼。

很多人對現狀不滿，卻又不願意做出改變。習慣抱怨眼前的現狀，嘴巴嚷著想要換工作，卻沒有化為具體的行動。如果懷抱如此負面的情緒繼續上班，不如把履歷投到就業市場，了解自己的競爭力，這也是不錯的做法。

假如能夠因此轉換到更適合自己發展的跑道，就好好把握這個機會，在新的舞台上展現才華與能力。即使求職沒有順利成功，也能夠藉由失敗的經驗，看看自己還有哪些地方需要改進。或許，在處處碰壁之後，反而回過頭珍惜眼前這一份看似不滿意、但其實要好好把握的工作！從此不再任意抱怨，更能踏實生活。

#履歷是對於每一階段的工作經歷，做出重點式的摘要與整理。

02

簡潔有力的電子郵件
讓溝通效率加分

撰寫一封簡潔而且有效率的電子郵件，
需要的不只是文采而已，還需要清楚的邏輯，
以及深度的同理，才能有溫度地爲彼此傳情達意。

不論是私人的日常聯繫，或公務的訊息傳遞，電子郵件都是一項看似簡單，卻要花點心思，才能勝任愉快的溝通工具。撰寫一封簡潔且有效率的電子郵件，需要的不只是文采而已，還需要清楚的邏輯，以及深度的同理。必須理性與感性兼具，才能夠讓一封透過冰冷的電腦與網路傳遞的電子郵件，可以有溫度地為彼此傳情達意。

回想剛進入社會工作時，我的口語表達與文字書寫能力，約略只是一般「尚可」的標準而已。處理公務時常需要大量的電子郵件往返，讓人備感壓力。

難上加難的是，當年的電子郵件全部都以英文書寫，尤其與我共事的對象，皆是十分資深的同事，其中有一部分還是身處新加坡、香港、美國等不同地點的外籍人士。他們所發出來的電子郵件，條理分明、詞彙豐富，對公務交代得相當清楚。相較之下，我的電子郵件書寫能力差距甚遠。

主管可能看到我的力不從心，給了兩個至今依然受用的建議：

一、架構要點：初期盡量以「條列式」或「段落區分」來彌補寫作能力的不足。如果一時之間，還是無法寫出清楚的邏輯架構，不妨就以英文的5W1H（who、what、when、where、why、how）做為寫作段落的參考。

二、範本模擬：從收件匣裡篩選一些可以作為範本的電子郵件。這些信件通常來自語文能力很強的或資深的同事、高階的主管，內容中有一些公務上的禮貌用語、和專業表達的方式，都值得好好學習。

除了上述分享的兩個建議：「條列式」「學習範本」之外，下列是以我自過往經驗整理出「讓電子郵件更簡潔有力的10個秘訣」，不妨可以參考看看：

1禮貌而慎重地表達對方的稱謂，不要輕易省略。本質上，電子郵件就是一封書信，不是一則簡訊、也不是通訊軟體的一句對話，尤其當你面對前輩和上司，千萬不要為貪圖一時之快，而省略對他該有的稱謂。

2簽名檔的格式與內文不要有太大的差異。使用電子郵件系統中的自動附加簽名檔，很容易給收信人留下類似蓋「橡皮章」樣板的印象。建議可將自動簽名檔的字體與大小，盡量設定為與內文相似，視覺上就一氣呵成了。

3謹慎設定自動回覆、以及未回覆的提醒。尤其當你要出差、或有幾天不能夠處理電子郵件的時候，這個功能可以避免漏接重要信件。

4傳送郵件後，到「寄件匣」裡檢查是否確實送出，以免信件被卡而不自知，耽誤了溝通的時間。

5考慮是否要在回信中，刪除之前往返的信件。這是為了避免在來來回回的信件，落落長地層層疊疊掛在郵件下方。如果過去往返的書信中，有一些重要資料必須留存，需作為依據，就不要任意刪除。

6發信時，主旨要簡短而明確，讓收件人一看就知道重點為何；回信時，考慮重新編輯主旨。以免太多「re：」的標記，讓這封信的主旨顯得十分礙眼。

7盡量選擇正向表述，例如：「如蒙許可，請在本月15日前回覆，以利專案進度。」而不要用「如果本月15日前還沒收到您的回覆，專案進度就會落後。」

8善用語助詞，活化閱讀氣氛。有時候，文字書寫表達會顯得比較嚴肅，不妨在適當的對象、適當的段落中，使用一些比較具有親和力的語助詞，讓對方感受到你的善意，例如：「謝謝喔！」「這樣很好呢！」「可以試試看喔！」

9檢查「副本」與「密件副本」欄位的傳送的對象。尤其，當你是收件人，而且被列在「密件副本」欄時，在溝通與回信的時候，就要特別留意。

10定期將重要的信件整理封存，避免信箱容量爆炸，也有助於時久日深遠能夠回來查找你要的資訊。

最後建議的是：不要過度依賴電子郵件，它只是日常溝通的工具之一，別忘了，還有電話聯繫與當面說明等方式，都不可偏廢。當發出電子郵件多日、石沉大海時，請務必改用其他聯絡方式，再次確認。

#不要過度依賴電子郵件，它只是日常溝通的工具之一。

03

鍛鍊撼動人心的演說能力

內容，才是王道。
其他像是優雅的儀態、趣味的言談、互動的橋段，
都只是錦上添花的效果。
以上元素具備後，就要不斷地演練，營造穩健的台風。

無論是學生或上班族，常會遇到需要做簡報來進行正式溝通的場合。無論時間長短，每一場簡報，就像是一場演說。你看像TED這種現場紀錄十八分鐘演說內容的影片，無論點閱與轉傳率都非常高。這個現象有兩個意義：

1 鍛鍊能夠撼動人心的演說能力，能帶來巨大的影響力。

2 現代人常透過富有個人魅力的演說，來學習新知。

關於專業簡報或演說的技巧，若是有心想要鍛鍊，其實很容易搜尋到相關的文章、書籍、或是影片。但在這裡，我想分享一個很少被提到的觀點——**真正能夠打動人心的演說，並不只是「表演」與「說話」兩項技巧而已，必須兼具富含同理心的「傾聽」技巧，才能夠圓滿達成。**

幾年前，我曾出版《傾聽——幸福的心聲》，與讀者分享「傾聽」技巧。總覺得一個真正會說話的人，其實需先具備傾聽的能力，才能夠把話講到別人的心坎裡。

正如同我們所討論的演說能力，如果只是一味地講自己想講的話，而沒有顧慮到現場聽眾的背景，以及他們為什麼要來聽這一場演講的動機，就算你再怎麼舌燦蓮花、台風穩健、風趣幽默，充其量也只是一場近似於脫口秀的表演，未必算得上是一次撼動人心的演說。通常自認為不太會說話的人，其實都擁有很棒的傾聽能力。因為他們不急著搶話，而是先認真傾聽。如果是這樣的人，我會很鼓勵你把傾聽的能力應用在演說上。

在演說之前，開始準備內容的時候，最需要的就是應用傾聽的能力，去推估聽眾最想從你口中聽到的內容是什麼？只要你能夠以聽眾的需求為出發點來設計演講的內容，這場演說就已經成功一半。在準備簡報或演說之前，你要先建立正確觀念：內容，才是王道。不是單方面自己想講的內容，還要從觀眾需求的角度來設計。其他像是優雅的儀態、趣味的言談、穩健的台風、互動的橋段，都只是錦上添花的效果。

當以上元素都具備後，接下來就要靠不斷地演練，營造穩健的台風。**熟能生巧的事前演練，就是克服緊張的最佳對策。**你可以充分利用手機的錄影功能，在鏡頭前不斷演練，透過重複播放，來檢討及改進每一次的小挫折。只要肯願意下功夫，就算過去從未有正式上台演講的經驗，都有機會在第一次上台時獲得滿堂采。

以前我也曾跟其他個性內斂的人一樣，視上台演說為畏途。念書的時候，還曾經在同學惡作劇之下，選我擔任一次班級會議的主席。那時，我因為緊張害怕而面紅耳赤，站在台上手足無措，腦筋一片空白，連一句最基本的話都擠不出來，就這樣被迫在台上罰站了一節課。至今回想起來，仍感到十分困窘。

上了大學後，因為企業管理相關課程都是以個案討論方式進行，這帶來不錯的歷練。我必須練習在成員有五、六個人的小組中發言，還要到全班五、六十個同學面前做簡報，慢慢學習克服在公眾面前講話的壓力。

進入職場，我所服務的公司非常重視簡報技巧，每個同仁都會接受基本的訓練，學習該如何去準備一場精彩的演講。例如，先把自己要把表達的重點條列下來，依照邏輯架構組合先後順序。碰到需要強調的重點或資料時，盡量以圖表呈現。進行簡報或演說時，要和聽眾保持真誠的眼神接觸。

在微軟公司任職期間，我參與了PowerPoint的研發與行銷工作，因而學會很多應用軟體製作精美投影片的秘訣。你可以報名外部相關課程、或以看書自修方式，學習基本的技術。但我觀察到很多人在演說或簡報時，過度依賴PowerPoint了。它只是一項輔助工具，真正的主角是你自己，千萬不要反客為主。

記得第一次上台教授行銷企劃，兩個鐘頭的課程，即使我做了十分萬全的準備，看似侃侃而談、自信滿滿，但課程結束之後，還是胃痛了一整個晚上。可見緊張的壓力有多大。幸好，隨著練習的次數愈來愈多，愈來愈能做到神態自若。現在的我，上台做簡報已經不會過於緊張了，但還是叮嚀自己要抱著戒慎恐懼的心情，希望保有當年第一次上台的初心。既是對自己的期許，也是對觀眾的尊重。

#真正會說話的人，需先具備傾聽的能力。

04

寫一手好字
展現內在的靈魂

寫字好看與否，或許有的人是靠天份，
但是對大部分的人來說，只要願意用心勤加練習，還是會明顯改善，
甚至能藉此鍛鍊內在的心志，呈現獨特的自我風格。

手寫的字體，是一個人內在靈魂的樣貌。

有些人很重視外表，穿著體面，儀容與髮型都修飾得非常精緻；但令人意外的是，他的手寫字體很醜。這時候，我內心都會情不自禁地跳出一句扼腕的感嘆：「真是可惜了！」如果他的字能夠跟外貌一樣有型有款，該有多好呢。

寫字好看與否，或許有的人是靠天份，但是對大部分的人來說，只要願意用心勤加練習，還是會明顯改善，甚至能藉此鍛鍊內在的心志，呈現獨特的自我風格。如果花很多時間追求外在的裝扮，卻完全不重視自己的字跡，就很容易看出此人把自己人生的重心擺在哪裡。

手寫字體美醜並沒有絕對的標準，只要是用心寫出來的字，都會因為風格獨特而動心吸睛。但如果是漫不經心的草率、膽怯退縮的扭捏、或是虛張聲勢的浮誇，倒是很容易被歸在字醜的類別，無意間也透露內在不夠自信的一面。

我曾經短暫學習過測字，這也許是一種非常古老的算命方式，但其實也講究科學。從一個人臨時憑空想出來的一個字，就能以它的形貌、意涵、與書寫的筆跡，推估其個性與心境。

尤其華文字體的組成和結構，有豐富的元素和隱喻，再加上筆跡所呈現的姿態，就可以用來解讀這個人內在的心態。

小時候我對寫字沒有耐性，也不夠用心，字跡很醜。到目前我還保留著國中時期的作文簿，當時的作文都要用小楷毛筆書寫，格紋稿紙上歪七扭八的「墨寶」（當然是反諷之詞了），不要說現在的自己看了難過，回想起來也相當折騰當時國文老師的眼睛吧。

那個階段，我念的是放牛班。在升學主義高掛的年代，是一個被教育制度放棄的少年。我從來沒有想過：字的美醜，對未來有什麼關係。倒是常常看到我的父親寫了一手好字，對比之下，我的手寫字體簡直醜到可以用「自慚形穢」來形容。

直到某一年夏天，接到阿姨的委託，周末要負責帶當時唸小學的表妹去上書法課，讓我有機會接觸書法。跟著慢慢練習一段時間，我的手寫字體開始有了極大的變化，是因為用心而端整，也因為在意而美觀。

漸漸地，能夠寫出端整的字體，這是自己在所有學科成績很差之外，唯一可以在作業簿和考試卷上呈現的亮點。

這段過程不僅鍛鍊我的心志，也在隱隱中培養出自信。同時，我還買了一、兩本「硬筆字帖」，用鋼筆和原子筆繼續練習寫字。能夠把字寫得端整，對於一個學業成績非常低落的青少年而言，猶如心中一個隱藏的秘密，彷彿身懷不為人知的技藝，而暗自欣喜。

進入職場工作，同事偶爾投以驚豔的眼光說：「你的字寫得真好看。」對我而言，那是世界上最美的讚譽，比起誇讚長相、衣著，還令人雀躍。容顏會老，衣著未必永遠跟得上時尚潮流，但具有自我風格的字跡，是這一輩子都會相伴相隨。甚至年紀愈大，風韻猶存呢。

每次看到身邊的人寫出一手好字，我也會多看幾眼，投以仰慕之情。家中有幾口大紙箱，收藏許多書信，家書、情書、以及讀者的來信，即使時光流遠，看到工整的字跡，都還能在字裡行間，體會書寫者當下木入三分的認真與用心。

而今電腦普遍，列印出來的標準字型，可以掩蓋字寫不好的缺點，但也讓好看的手寫字顯得彌足珍貴。**只要是手寫，哪怕只是一張便條、或一封卡片，都能呈現出手感的溫度。**有些人的手寫字好看到足以變現，像是代筆寫春聯、喜帖、或重要文件等。

回到練字的初衷，未必是要賺錢的，是期望修心養性之餘，還能呈現自己美好的靈魂樣貌，讓讀到這些文字的人，因為認真誠意的書寫，而感到生命的美好。

從現在開始，你也可以嘗試認真練字，展現內在最安定美好的靈魂。

#練字，不僅鍛鍊心志，也在隱隱中培養出自信。

05

準備工作用的戰鬥服

選擇適當的材質與款式，
恰如其分地展現自己的工作特質、符合企業形象。

在工作上穿著正式的服裝，就像是配備一套戰鬥服。不僅讓身邊跟你一起共事的人、或與你接洽業務的顧客，都能夠感受到你已經蓄勢待發，處於全力以赴的狀態，同時也是一個很好的自我提醒，彷彿是在告訴自己：「要打起精神，好好賣力喔！」

剛開始工作的那幾年，我都在科技產業服務。公司並沒有明文的規定，但幾乎所有男同事，都會穿著整套深色西服上班。搭配單純的白襯衫、以及素雅風格的領帶。西裝，還真是滿神奇的設計，不管身材、長相如何，任何人穿上合身的西裝，看起來就格外挺拔，而且有精神。

後來，轉換到唱片公司工作，發現大家的服裝都比較休閒，穿著牛仔褲和T-shirt上班，看起來也是渾身有勁，充滿能量。於是我也嘗試脫下正式西服，改以輕便的休閒服裝上班。

直到有一天碰到一位資深同事，她跟我分享在唱片界工作的穿衣哲學：「即使是輕便的休閒服裝，也有分很多不同的種類，應該在款式、質料上精挑細選，以符合自己職務內容來穿著。」老實說，當年的我並沒有完全聽懂她的忠告。甚至滿腦疑惑：不就是牛仔褲、T-shirt，哪來那麼大的學問啊？

之後，她發現我的穿著沒有太大改善，於是抓我再教育一番。她要我以辦公室隔壁西洋歌曲部門的主管穿著為範本，還送了幾本男性時尚雜誌，我才終於懂得什麼叫做「Smart-Casual」，也就是所謂的「正式休閒風」。即使是牛仔褲、T-shirt和輕便的西裝外套，從顏色、質料、到款式，都需要精心設計與搭配，並不是隨便穿著類似居家衣物，就可以來上班。

從此，便維持了一段時間的「正式休閒風」，直到又轉職跨進軟體業，整個服裝就正式大崩壞。

因為軟體業每天工作的時間都很長，幾乎待在辦公室電腦桌前超過十二個小時，而且一起共事的同仁，多半是程式設計工程師，也就是一般人所稱的「宅男」，不要說是牛仔褲、T-shirt，夏天時連短褲、拖鞋，都會出現在辦公室裡。

對他們來說，輕便的服裝是有助於長時間撰寫及修改程式，等於就是他們的戰鬥服。但我所負責的工作屬於行銷和業務部門的性質，日常需要接觸經銷商、顧客，還得主持大大小小的研討會，服裝儀容不能太邋遢。

一旦鬆綁了自己服裝的防線，要從輕便的衣服，再穿回一整套合身的西裝，難免會覺得彆扭。必須再經過很長一段時間的適應，才能夠回到過去以西裝筆挺的穿著打扮，為日常戰鬥服的形式。

不過，我也學會了在辦公室準備兩套服裝替換，以彈性因應不同場合的需要，也能兼顧工作的舒適度。

工作時，穿戰鬥服，不僅可以展現獨特的自我風格，也能贏得別人的禮貌與尊重。選擇適當的材質與款式，能夠恰如其分也展現自己的工作特質、符合企業形象，這件事情就跟鍛鍊專業能力一樣，足以等量齊觀，千萬不能忽視。

倘若連男生都覺得上班為了表現自己專業而慎選服裝，是這麼花費心思，對於女性朋友來說，可能就更傷腦筋。如果公司有規定制服，並提供統一製作的服裝，那真的可以為上班族省下搭配服裝所花的心思、時間與經費。

即便如此，還是可以在小配件、或公事包上，注入「戰鬥服」的觀念，謹慎嚴選，以便展現符合公司形象、也能彰顯自己風格的穿搭方式。

不過，如果是剛入社會的新鮮人，月薪只有三萬，除非有特別的理由和考量，否則不要過度使用精品名牌，以免混淆了自己的價值觀，也影響別人對你的看法。

最常有的偏見是：「家裡這麼有錢，都用精品名牌，何必為五斗米折腰，應該不會認真投入薪資這麼微薄的工作吧？」與其花時間澄清解釋，不如低調一點。

#既可以展現獨特的自我風格，也能贏得別人的禮貌與尊重。

用儿次的低調，去換一次的閃耀。

而這一次的閃耀，

必須綻放在關鍵的時刻，

也就是你的付出，

可以爲別人做出重要的貢獻。

06

成爲他人可以利用的對象

讓那些利用過你的人，覺得你很好用，
就有機會在未來創造更多、更美好的互動與連結。
因爲正向的彼此利用，就是互相幫忙，結果是雙方都受惠。

利用，其實是中性的詞彙；只不過，常常被誤用。乾淨的水源，被利用來：製作餐飲、洗滌衣服、養殖畜牧，這些都美好的利用。燦爛的陽光，被利用來：晾曬棉被、溫暖人心、產生能源。這些也是珍貴的利用。水和陽光，都沒覺得自己減損了什麼，也不需要被別人感謝。水，繼續流動；陽光，依然照耀。

在之前的出版品中，如《創造自己的價值》《尋尋MeMe，贏得自己》，我提到過——既要創造自己的價值、也要樂於自己有被利用的價值。這些觀念之後也被許多讀者、專家引用轉述，還獲得不少的回響。能成為被利用的人，代表你是一個有價值的人。如果你不具備任何的價值，誰也無法利用你。

可能是從小個性不大會與人計較，當別人有求於我時，只要是時間和能力所及，都會盡量去完成。一路成長下來，彷彿像是「傻人有傻福」似的，不帶目的性的付出，卻得到正向的結果。那或許不是實質的金錢或報酬，也未必是很好的人緣和信譽，而是對自己的一種安心和肯定。

當然，也曾碰到過那種刻意想要佔便宜的人。到最後卻發現，被佔便宜時損失最多的，並不是自己付出的心力或智慧，而是那種被負義的情緒。很近似「真心而無所求地付出，你怎麼可以這樣對我？」的感受，但仔細玩味這個句子，就會發現：這些不舒服的情緒，是來自被「不當利用」。

譬如：有人會利用你的愛心，圖謀他個人的私利；惡意奪取你的智慧與創意，稍作修改，變成他自己的作品。你只是一個被用後即丟的「工具人」而已。

坦白說，唯有強大到像是水或陽光，或慈悲到如同宗教般的博愛，才能夠毫無芥蒂地讓各種正向的利用、或負向的利用，都可以隨時被提取。我們只是一般人，**在鍛鍊自身擁有可被利用的價值時，也要懂得適時保護自己的情緒與權益。**

因此，我會依自己被利用之後的感受，來判斷這次的合作是否為有正向價值的利用。以下整理出三種被利用之後的回饋，將會鼓勵自己繼續付出：

1被利用完之後，在自我肯定中，得到內在的滿足感與成就感。

2被利用過之後，對方給予等價的獎勵和報酬率。

3因為這一次的付出，建立彼此信任的基礎，雙方都非常肯定還會有下一次的互相幫助。

若是合作後有上述的感覺，都會令人產生正向的價值。在過程中，既能鍛鍊心智與能力，也能夠累積自己的品牌信譽。

如果可以讓那些利用過你的人，覺得你很好用，就有機會在未來創造更多、更美好的互動與連結。假以時日，在需要的時候、或恰當的機緣，對方也會提供他的資源，與你交換運用。因為正向的彼此利用，就是互相幫忙，結果是雙方都受惠。

但以下這一種回饋，可能就會令人感到非常不舒服。就是在被利用完之後，發現對方只是存心要來佔便宜的。例如：久未謀面的朋友突然出現，噓寒問暖，目的只是為了要借錢。當他達到了目的，從此揚長而去，不再出現，更別說是還債了。或是，你在街上購買一支超乎市價十倍的愛心原子筆，後來發現這些收入，並沒有真正用在幫助弱勢團體。還有，辦公室裡總有幾個愛搶功勞、排除異己的同事，剽竊你的創意或企劃案，還讓別人以為你們私下已經達成魔鬼交易。

這些讓你感到不舒服的被利用，就必須適可而止，不能變成常態。否則，很容易淪為有目的性的討好。有一天，當你發現自己不論怎麼付出，都無法滿足對方，只會加深失落感，並怨嘆自己怎會那麼傻。

只要不是這種惡意的被利用，都可以盡量讓自己，成為他人可以利用的對象。或許未來也會有一天，你會強大到連被別人惡意利用都不在乎，內心擁有的自在與寬厚，將會帶給你無條件的愛與快樂。

#在鍛鍊自身擁有可被利用的價值時，也要懂得保護自己。

07

不要吝於嶄露光芒

用九次的低調，換一次的閃耀。
而這一次的閃耀，必須綻放在關鍵時刻，
也就是你的付出，可以為別人做出重要的貢獻。

過度高調，容易遭到忌妒、排擠；但刻意低調，就真的可以保護自己嗎？會不會太過低調了，反而常被忽略，甚至錯失良機？與人相處，究竟該小心翼翼地「深藏不露」，還是盡其可能地「鋒芒畢露」？究竟要如何掌握自我才能的分寸呢？

回想起自己年少時，這些問題似乎從來不是困擾。因為當時的家庭教養和學校教育，強調的都是「溫良恭儉讓」「默默耕耘」「做人要低調」等修身處世哲學，幾乎連想都不用想，「深藏不露」才能明哲保身。

但以現在的角度來看，也會覺得好笑。當本領不夠的時候，沒有什麼才能好外露的，藏拙都來不及了，哪來的鋒芒好藏。不過，久而久之，好像就養成一種掩藏與低調的習慣，即使慢慢長大以後，在某些自己特別重視的領域學習，花費極大的努力也累積了真正的實力，卻還是有點妄自菲薄，很容易讓人感覺是不是有點自信不夠啊。

說真的，過度「保守」與刻意「被動」，都是「沒自信」的表現。就算是再平凡的人，也會有一些獨特的興趣和才能。若是認為自己必須「深藏不露」，才不會招來別人的忌妒，反而容易引起其他的誤會。

例如，過度低調，常常會讓人以為你故意搞神秘，甚至還會說你個性太陰沉。否則，為什麼明明就是擅長的事，嘴巴還硬說：「我真的不太懂，請你多多指教！」這樣違背自己本意的說法，對方聽來，必定也覺得矯飾虛偽了。

反觀，現代職場上的氣氛，充斥著令人不解的弔詭。沒本事的人，搶鋒芒；有本事的人，暗藏光！

沒有真正本事的人，為了怕被看穿，而虛張聲勢，講得自己好像很會，因此常在第一時間，受到客戶和主管的重視。有才能、又默默努力工作的人，反而很容易被忽視，甚至因為不屑於和這些人搶鋒頭而過度地壓抑。

適時、或適度的低調，確實是一種美德。尤其是在有衝突的當下，可以用禮讓化解眼前的危機，自己因而獲得海闊天空的自由；但**需要挺身而出的時候，請不要太客氣。只要確定自己是處於準備好的狀態，就要讓自己的光芒被看見。**

若常掙扎於：不彰顯自己的才能，就得不到重用；但過度鋒芒畢露，又容易遭到小人的忌妒！該怎麼辦才好呢？

首先，請檢視自己的心態。如果顯露鋒芒的動機，是為了誇大自己的能力、炫耀自己的才華、賣弄自己的見解，這些出自於負面的起心動念，很容易招致負面的結果，更可能激發小人的攻擊，確實無法招架。

但，如果你的努力和才華之所以被看見，是基於你想友善地分享一個能夠利他的價值，讓別人知道你會做哪些事情；是為了能夠適時幫助他，而不是只為了讓對方知道你很厲害，這便是讓自己嶄露光芒的開始。

不要過度吝於嶄露光芒！至少你可以用九次的低調，去換一次的閃耀。而這一次的閃耀，必須綻放在關鍵的時刻，也就是你的付出，可以為別人做出重要的貢獻。

舉例來說，部門臨時接到一個專案，正好人力吃緊，你覺得自己的能力可以勝任，在不妨礙本身的工作，有餘力可以加班完成，不妨自告奮勇接下這一份任務，並謙虛客氣地請求主管與同事，在必要的時候提供一些資源協助，你也願意分享經驗與收穫，何樂而不為呢？

「表現優秀，容易被排擠；績效太好，經常會樹敵。」這曾是我在職場上一路披荊斬棘的過程中，有感而發地寫在筆記本上的一句話，但這並不是以負面的能量，來消滅自身的戰力，反而化為更強大的警惕與激勵。

有朝一日，等你的能力和心態，都強大到真正無敵，就不再被自己的恐懼所限制，**不妨化身為一朵美麗但有刺的玫瑰，讓那些跟你相處的人深深被你吸引，卻又懂得尊重你的底線。**他們不至於來去自如地踩踏，也不敢任由私心的貪念，一旦想要爭奪，就「整碗捧去」，這猶如你用你的強大，訓練了他們懂得為彼此日後相見的人情，多留了點餘地。

#準備好了，就該讓自己的光芒被看見。

08

憑本事競爭
但也不怕鬥爭

明槍易躲，暗箭難防。
就算再怎麼光明磊落，也要有隨時可能會被暗算的準備。
否則，努力打拼了半天，卻被對方以見不得人的手段PK掉，
絕對會心有未甘。

每個人從小到大，難免都會碰到必須面對競爭的時候。雖然，所有的競爭都只是一個過程，參與者在彼此共同認定的公平制度之下全力以赴，優勝劣敗並非最後的結果，而是讓優勝者得到良性的激勵，讓落敗者檢討改進，有朝一日捲土重來。

很多個性溫和的人，不喜歡面對競爭。即使自己明明有機會勝出，也不忍心看到對手落敗的樣子，於是趨向以合作的方式，共同追求進步。

但究竟是要合作、或是競爭？往往並非由自己決定。人生總會碰到不得不面對的競爭，因此如何看待競爭，就變得非常重要。

如果是憑藉實力、遵循規則、評比公平，這比較像是「良性競爭」；反之，不講實力、不守規則、評比不公，光靠見不得人的技倆就能勝出，這就比較像是「惡性鬥爭」。所謂「明爭暗鬥」，通常就是沒有能力靠檯面上競爭獲勝的人，才會需要在暗地裡靠鬥爭出頭。儘管那是怯懦、自私的行為，但使勁惡鬥的態勢，看起來都還滿兇狠的呢！

有一句俗話說：「人在江湖飄；哪能不挨刀？」就算你光明磊落，也要有隨時會被暗算的準備。在此我想給你一個忠告：想要憑本事競爭，但也不要怕鬥爭，否則，明槍易躲，暗箭難防。努力打拚了半天，卻被另一個人以見不得人的手段給ＰＫ掉，絕對會心有未甘。千萬不要只是一味地活在自己所認定的遊戲規則中，必須把自己和對手放在同一個標準上嚴格檢視，我常用把「**贏要贏得有風采；輸要輸得有氣度！**」放在心上，也把這句話提供給你參考。

二十幾歲的時候，曾被一個資深同事拉進惡鬥中，當時的我完全不知所措，只憑著一股傻勁，約對方共進午餐，打開天窗說亮話，問他為什麼要這麼做？沒想到，歪打正著，我碰到的並非最懂得老謀深算的對手，他居然因為我的坦率正直，而感到慚愧害怕，從此不敢再惡意弄我。

三十幾歲時，我升任了部門主管。或許是高度與視野的不同，看到部門裡兩個年輕的同仁採取不同方式拼搏。具有工程師性格的「老實男」，採用「明爭」的策略，一切按照規矩來；另外一個比較具有小聰明「心機女」則擺明要「暗鬥」。

當時，我將一項市場研究專案交付給兩人，請他們各別分工執行。後來發現事有蹊蹺，於是重新編配調整工作任務，建立更符合公平原則的績效評估標準，讓他們願意以合作的方式完成，終於讓兩人解開心結，也平息了這一場明爭暗鬥的小小風波。

如果你是一個非常講究公平競爭的人，卻發現身邊夥伴想要靠惡性鬥爭來出頭，以下有幾個原則可試著努力看看，能否扳回一城：

1 擴增實力與人脈：當你足夠強大，對方的小刀小劍，根本傷不了你。

2 積極地學會防身：不要消極地明哲保身，而是要機靈一點保留證據才能防身。

3事實揭開黑暗面：若有證據，也會有勝算，不妨背水一戰。

4擇期優雅地退場：如果發現這個環境過於險惡，可以不必同流合汙。

某些企業主管習慣以兩面手法操作內部管理。一手強調良性競爭；另一手卻放任惡性鬥爭。讓手下的兩方人馬捉對廝殺，自己盡收漁翁之利。

如果一個組織允許這樣的作為，表示這家公司的企業文化有很大的問題。你或許可以考慮，以「良禽擇木而棲」的姿態，慎選並轉移到其他更好的環境工作。

若在你轉換幾個職場後，發現天下烏鴉一般黑時，最後提供兩個選擇：

一個是成為黑到發亮的那一隻烏鴉，能力和智謀都強大到沒人鬥得過你的程度。

而另一個則是，打破這個惡性循環，不如自己創業，打造一個靠良性競爭就可以經營成功的組織環境；甚至是根本不需要競爭，只靠著合作就能讓業務蒸蒸日上的優質企業。

面對人事鬥爭的時刻，你會怎麼想、又想怎麼做呢？

#成爲黑到發亮的烏鴉，能力和智謀都強大到沒人鬥得過。

09

找到憧憬的對象
進而模仿

從他們身上，不只可以學習到具體的專業能力，
也可能是爲人處事中無形的風骨，
甚至揭示一種生活的理念、或是夢想的藍圖。

你曾看過歌唱選秀節目嗎？很多優勝者都表示，在過關斬將的過程中，之所以能夠繼續堅持的理由，都是因為在遠大的夢想前方，有一個令自己崇拜的典範。在這個人身上，可以憧憬到未來所有美好的可能。

崇拜偶像，不全然是壞事。找到生命中值得憧憬的對象，既能建立成功的標竿，還能學到更加精進的專業技巧、以及克服困難的方法。

就讀小學時，台灣才開始有電視機。當時最受歡迎的節目之一是布袋戲《雲州大儒俠》，裡面有個主角叫做「史艷文」。我還記得，在某一所學校的考試題目中，有一道填充題，要學生寫出民族救星的名字。有個學生竟在考卷上填寫「史艷文」。

這件事情在當年引來非議，包括：「學生瘋看電視，不讀書！」以及「盲目崇拜虛擬的偶像」。但在我小小年紀的心目中，覺得「史艷文」是個很不錯的人，優點還不少呢！例如：忠孝節義、正氣凜然、堅忍不拔、奮鬥向上、勇敢熱情……

儘管他只是一尊木偶，只能隨著編劇所寫的劇情，被熟練的師傅操控，但依然能夠透過栩栩如生的表演，讓他接近完美的人格特質，成為孩童觀眾所憧憬的對象。

可惜的是，現在八卦當道，狗仔隊盛行，偶像隨時可能幻滅，年輕朋友很難從電視媒體上出現的明星中，找到一個值得憧憬的對象。

不過，我也發現：民眾的媒體素養正在逐年提升。即使明星在鏡頭前力求完美表現，然而在私生活上犯了大錯，觀眾還是願意肯定他的專業表現，原諒他在私德的不完美。沒有一個人是完美的，但我們可以選擇這個人某一部分的優點或長處來學習和效法。以這樣的角度，重新看待名人或偶像，會有全然不同的心情。例如：以蘋果電腦的創辦人賈伯斯來說，他的創新精神、對於美感的敏銳度，都是很值得學習的特質；但他的個性和情商，或許就見仁見智了。

二十幾歲進入職場工作之後，我很幸運，共事過的直屬主管都非常優秀。不論是專業技術、管理能力，都足以成為我的楷模。更因為在日常工作中互動頻繁，可以近身學習，包括：如何召開有效率的會議、如何待人接物、如何兼顧家庭……幾乎每一位主管都是我每個工作階段所憧憬的對象，進而跟他們學習。到現在我們仍會保持聯繫，他們都是我的最佳典範。

在HP企劃部工作時，直屬女性主管是現今影視界大老的夫人，也是當前知名主播的母親。但在辦公室裡，她就只是一位氣質溫柔、很有決斷力的專業經理人，並沒有因為名人光環而有任何驕氣或傲慢。當時部門企劃接了很多平面廣告，需要整合各部門的意見與看法，無論開會時場面多麼火爆，她總能以理性而不失親切地說服大家，達成共識。

接著我轉換到UFO飛碟唱片，擔任董事長的特別助理，常有機會和總經理開會，他本人才華洋溢，具有藝術家個性。令我最佩服的是，他對工作熱情，但頭腦非常冷靜，決策力很強。開會時，幾乎不太發言，總是靜靜傾聽每個人的意見，卻在最後作結論或決議時，總能石破天驚地突破大家盲點，引領出一個獨到的觀點、或指出一個很厲害的方向。

從他們身上，不只可以學習到具體的專業能力，也可能是為人處事中無形的風骨，甚至揭示一種生活的理念、或是夢想的藍圖，令人心生嚮往、見賢思齊。隨著年齡漸長，以及工作領域擴展，有時候我也會發現：有一些年輕世代的朋友，帶著很崇高的敬意，把我當作他們學習的對象。除了愧不敢當之外，更會鞭策自己，在生活上要更加謹言慎行、以及在專業技能上不斷地精進，以免讓他們夢想幻滅。

在我逐漸邁向熟齡之後，反而會回過頭來跟年輕人學習。我常在各行各業中，看到意氣風發、小有一番成就的年輕人。他們的工作姿態、生活的品味，也成為我憧憬的對象。跟著年輕朋友學習，時時刻刻都能提醒著我莫忘初衷，並且在磨圓銳角之後，依然保有當年為夢想而義無反顧的純真。

#有一個令自己崇拜的典範，可以憧憬到未來所有美好的可能。

10

學習向上管理
成爲值得託付的人

答應別人的事，若能以「使命必達」的意志力完成，
會令人放心。在期限內完成對方託付的任務，
彼此之間會建立起穩妥的信任關係。

坦白說，我是在升任部門主管、以及自己創業之後，才慢慢懂得什麼叫做「向上管理」。

當我還是個基層職員時，完全沒有鑽研「向上管理」的技巧與知識，居然還能安然度過那幾年的上班族生涯，甚至被升任為部門主管，之後還自行創業，開廣告公司和企業顧問公司，陪伴一群年輕人，共同為了事業與理想打拼。現在回想起來，還真有點驚險度過難關的幸運呢。

剛才提到的運氣好，並非自謙之詞。我知道自己的個性太過直率，年輕時一定也有言語白目、情緒管理不佳的片刻，多虧歷任的主管們很有雅量，沒有跟我計較。

或許，也可以很現實的說，可能是當時的工作績效，遠大於那些偶爾發作的忤逆，才允許我在職場中倖存下來。

但，為什在這裡要特別強調，說是升任主管、以及創業之後，才知道什麼是「向上管理」呢？我想這就是「換位思考」的邏輯吧。即便換了不同的位階與角色，我依然有著另一種幸運，就是碰到幾位總是能夠「使命必達」的員工。在他們身上，好像看到當年的自己。

深思熟慮後，答應別人的事，若能以「使命必達」的意志力完成，就會令人放心。在期限內完成對方所託付的任務，彼此之間會建立起穩妥的信任感。我曾經對下屬說：「把事情交辦給你，我很放心！」脫口而出之後，竟發現：同樣的話，從前的主管也對我說過。

但千萬不要誤會「使命必達」這個詞彙的意義，事實上，未必每件交付的任務都能夠順利的圓滿達成；而是一個能夠讓主管覺得是值得託付的員工，在接到任務之後、執行的過程，會有以下三個很明顯的特質：

1不必一而再、再而三地提醒時間，也不用催促進度，工作會如期進行。

2當任務推展碰到阻礙時，會即時提出商議，不會等到無法挽回，才雙手一攤地說：「抱歉，我做不到。」

3出現意外的狀況時，能夠找到解決問題的替代方案，報請主管重新裁示。

很多人都誤以為「使命必達」，就是要懂得「逢迎拍馬」，這個偏向負面的詮釋，通常是從員工的角度出發的想法。只要你懂得「換位思考」，從主管的角度來看，就不會給予「向上管理」如此負面的定義。

除了把事情做好之外，「猜測老闆的心意」也是幫助事情順利完成的關鍵。不必枉費心機去大海撈針，只要把握下列三個原則，就能胸有成竹。

1了解主管的個性：以便於知道，什麼樣的溝通方式是最有效的。

2了解主管的決策：弄清楚在他心目中，每一件事情的輕重緩急。如果無法判斷的話，至少可以用詢問的方式，和他一起界定這件任務的重要性與緊急性。這樣一來，才會知道除了達成實質的目標之外，他還有哪一些屬於時間或情緒上的期待。

3了解主管的禁忌：每位主管的行事風格不同，不用時時刻刻去猜測他的好惡，但應該要了解一些基本的禁忌，以免踩到地雷。

最後，還有一個很重要的心得：真正懂得「向上管理」的同時，其實也在做「向下管理」。

如果你已經是一個基層部門的小幹部、或是中間階層的主管，處於「三明治」狀況，上有大老闆要託付、下有部屬要帶領，就應該會深刻地體認這個道理。

要認真帶領好自己的團隊、或外包的廠商，並且貫徹主管的意志，在有限的期間與資源之內完成這個任務，才能夠讓主管對你全然地放心，也讓部屬對你徹底地心服。而這種來自雙方的信任，終將成為自己的信用，也會帶來好口碑，到哪裡都會被重用。

#懂得「向上管理」，同時也在做「向下管理」。

11

想把興趣當飯吃
就要加倍付出

一旦將興趣培養成專業，專業又發展成職業，
必須還要具備足夠的抗壓性，
才能讓自己繼續在該領域裡發亮發光。

興趣，能當飯吃嗎？那要看是哪一種興趣，能不能替別人創造出可以利用的價值？以及在同樣的興趣範圍內，你的能力是否優於其他的競爭者？

傳統華人社會的家長，常受限於自身的工作經驗，聽到孩子想要發展不屬於「士農工商」類的興趣時，像是：美術、運動、遊戲……都會快速地否決說：「興趣，是不能當飯吃的！」他們擔心孩子想要追求的，將來無法獲得溫飽。

很多孩子因此發展受限，甚至因為再三被大人否定而失去自信，長大後找不到真正的興趣，而被迫從事絲毫提不起熱情的工作，只能勉強餬口維生。

興趣，到底能不能當飯吃？我是這樣推想的：「興趣」→「專業」→「職業」。

「興趣」是你覺得這件事有趣，想做做看；「專業」是你擁有把這件事情做到很出色的能力；「職業」則是將你的能力變現，進而帶來收入。任何興趣，都有機會培養出專業能力，也可能成為賴以謀生的職業。但這牽涉到以下兩個關鍵條件：

1你對感興趣的事，投注足夠的心力，培養出超凡的能力，讓你擁有無可取代的優勢，或成為業界頂尖。

2你的專業可以為他人創造價值，並因而可以「變現」，能帶來足夠的收入。

如果你因為喜歡喝咖啡，就開始學習咖啡的相關知識，並且考上咖啡師執照，不僅在咖啡館吧檯上歷練過一段時間，甚至還曾經參加比賽得獎，那麼，你可以說是一位傑出的咖啡師，但距離開一家賺錢的咖啡館，那還有一段非常遙遠的距離。

你只要多觀察就會知道：喜歡喝咖啡，並不代表有足夠的能力開咖啡館。就算已經開了咖啡館，也不代表生意好到可以帶來支持營運的利潤。要開賺錢的咖啡店，除了你所調製的咖啡好不好喝，店內的裝潢與氣氛是不是吸引人，還要懂得計算成本，規劃流程，對人事管理、顧客服務也要有足夠的耐心和了解。而最終決勝負的關鍵是：你的這項專業，是不是可以在消費者心裡創造出美好的價值，讓他們願意持續來消費。**當你的興趣能發展成專業，並獲得變現的能力時，才能把它當作職業。**

即使已經通過以上的考驗，你還必須要具備足夠的抗壓性。很多人對唱歌有興趣，擁有不錯的天份與技巧，但有多少人能成為像張惠妹、蔡依林這樣紅遍華人世界的歌手？她們除了天份與技巧之外，更因為擁有足夠的抗壓性，才能夠在舞台上不斷持續發亮發光。

以蔡依林來說，她的歌舞表演幾乎已經到達登峰造極的境界，大家才發現她另一項業餘的才藝：製作甜點蛋糕。我猜想蔡依林在製作甜點蛋糕時，應該會感覺滿紓壓的吧！因為那起始於她的興趣，而不是唯一賴以維生的職業。

青少年時的我曾經輟學，好不容易考上大學後，對自己的興趣發展格外謹慎。那時的我，積極利用課餘時間打工，藉由接觸不同領域的工作經驗，探索自己的興趣。

同時也到學校的輔導中心，進行各式各樣的性向測驗。後來，才比較確定自己的興趣都偏向於行銷企劃方面的工作。於是畢業、退伍之後，找工作時就聚焦於行銷企劃部門的職務。

在職涯發展過程中，我也曾因為對很多事情感興趣，學到了皮毛卻又不夠專精，而感到困擾。直到工作多年才發現：也許我沒有辦法將每一項興趣都發展成為專業或職業，但可以整合這些技能，讓它成為獨特的優勢。

我曾花了一年多的時間，錄製介紹好書的影片。在YouTube成立「吳若權幸福書房」，從選書閱讀、撰寫腳本、視覺設計、影片後製，到上架後的行銷與推廣，將自己有興趣做的很多事情，都集合在同一件事情上，對我來說，這是很好的訓練與挑戰。

即便已屆熟齡的階段，我還是想繼續探索各種不同的興趣，雖然很多方面仍不夠專業，但誰知道呢？或許不斷地探索與培養之後，有朝一日，我也可能變成中年斜槓呢。

#當興趣能發展成專業，並獲得變現的能力，才能當作職業。

Part 5

自律

好好生活是養分

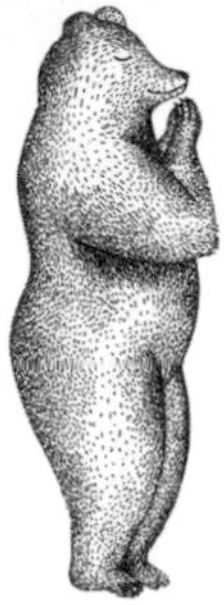

經過市集之後，大約 3 小時的路程，居然有一座臨時搭建的遊樂場，裡面有補充水源和食物的休息站，你在此短暫停留，會看到什麼？

◯ A. 那位失約朋友發訊息來道歉。

◯ B. 揭示財富與人生的講座。

◯ C. 傳授尋寶任務的課程。

◯ D. 一場對未來很有啟發的奇幻表演。

◯ E. 一位可以幫助你的導師。

題目完成度
★★★★★☆☆

01

不只是管理時間
而是管理生命

把時間用在哪裡，你的人生就在那裡。
你是如何使用時間的，養成習慣之後，
就會變成那樣的人，形塑出屬於自己的獨特風格。

也許我們成長在不同的年代，但對於「時間，就是金錢」這句話，應該都很熟悉。時間和金錢，確實有很多共同性。只要懂得善用時間，時間是會愈利用愈多的；同樣地，只要懂得善用金錢，適度儲蓄或投資，金錢也是愈累積愈多。相反地，如果只是在耗擲時間，時間很快就會被消耗光了。金錢也是如此，漫無目標地投入金錢，即使有再多的財富也很快會被揮霍成空。

大概是青少年有過一段虛耗青春的歲月，從覺察到自己已經落後許多、必須迎頭趕上的那一刻開始，就一直有「時間不夠用」的恐慌。因此，比一般同齡的學生，更早學會時間管理；到了三十歲，還開班授課，教導學員如何「時間管理」。

以下四點，是我多年對「時間管理」的深刻體認：

1「時間管理」不只是在管理時間，而是在管理生命。你把時間用在哪裡，你的人生就在那裡。你是如何使用時間的，養成習慣之後，就會變成那樣的人，形塑出屬於自己的獨特風格。

2學習「時間管理」，並不是為了爭取更多時間，去做更多的事情；而是在取捨之間，確認自己真正在意的是哪些事，也唯有這些事值得你花時間。

3如果你過去從未學習過「時間管理」，它其實就像管理金錢一樣，記帳是一個很好的入門。

不妨記錄自己一整天的行程，從醒來到睡覺之間，是如何使用時間的。經過一兩個禮拜、或一個月之後，就能夠在這一張紀錄表，看見到底把時間花在哪些地方，而且為什麼會把自己活成現在的樣子，在這張紀錄表裡，都會有答案的。

4 一般人在「時間管理」上所犯的最大的錯誤，是把大部分的時間都花在處理「緊急的事」，而不是在「重要的事」上。

如果你把大部分的時間，都花在緊急的事，表示每天都在臨時抱佛腳，就會習慣當自己的救火隊，而且會上癮。反之，如果你把大部分的時間花在「重要的事」，也就是你真正在意、且對於人生目標有所幫助的事，這些事情都是可以提前規劃，必須按部就班去做的。生活中就比較少會出現緊急的狀況需要去救火，也能活得從容而篤定。

表面上，這兩種生活型態都很忙碌，但如果你很習慣臨時抱佛腳，而每次都未能如願地克盡其功，久而久之，你會變得不信任神，也會否定自己。根據多年的私下記錄，從二十幾歲到現在，我發現：愈是忙碌的時候，利用時間的效果就愈好。

盤點自己最近這幾年的生活型態：每天例行性地要照顧母親、陪同就醫、到電台主持節目、錄製影音節目、從事企管顧問工作、演講授課，還要運動健身、學習書法、練彈吉他，甚至連休閒與睡覺的時間，都要規劃在行程表裡，以高度的自律，照表操課。但也正因為如此，時間才會愈用愈多。

其實，在不同的人生階段，也有過不同的生活的型態。早睡早起、晚睡晚起、早睡晚起、晚睡早起，但這麼多年下來，我還是相信「日出而作；日落而息」是比較符合自然定律的生活作息方式。儘管還是很多不同的論述，提到每一個人有不同的「內在生理時鐘」，但我深信——作息習慣的養成，多半還是後天的。

盡可能的話，不妨讓自己的生理時鐘，調整到清晨即起，最好晚上11點之前上床就寢。假使工作上不允許，必須值大夜班，至少讓自己適應作息時間，什麼時間該睡、該醒，都有個大致上的規律。

管理好自己的時間，其實就是自律的表現。這是主控自己人生，最基本的能力。如果連自己都管不了自己，不但沒有人可以管得動你，你也無法管控其他任何事情。

管理時間，就是在管理生命；珍惜時間，也就是在珍惜生命。一去不復返的每一分、每一秒，都是最獨特的當下，當你有此覺察，就有機會展開與生命更深度的對話。

#管理好自己的時間，是主控人生最基本的能力。

02

小心睡眠負債

不要小看睡眠負債，
心懷僥倖以爲自己只要靠意志力，勉強還撐得過去。
長期下來，一定會引發身心健康的危機。

你，會利用假日補眠嗎？我有幾個朋友，每逢假日就像在地球消失了似的，細問之下，才知道：原來，他們都在補眠。整個假日睡得渾渾噩噩，有時連該吃飯的時間都耽誤了。表面上，是睡夠久了；但在不該睡覺的時間睡覺，精神並沒有真正地恢復。

有趣的是，有一部分人，確實是因為週間太忙，睡眠嚴重不足，需要利用假日好好睡覺，試圖養精蓄銳一番。另有一部分人，其實平日睡眠狀況還好，並不特別需要補眠，但因為沒特別規劃什麼活動，於是就在家裡睡懶覺。

每天到底要持續睡眠幾個鐘頭才夠？我相信是因人而異的。有太多醫學、科學研究報告，結論中的觀點與數據都不太一致。除非你的體質特殊，否則我認為：每晚睡覺時間，平均六到八小時都算合理的。

儘管各項研究，對於每個人需要的睡眠時數有不同見解，但共同的看法都是：充足的睡眠，可以讓身體各器官獲得修復、也有助於邏輯思考與專注力。睡眠不足，最明顯的表現之一是疲勞駕駛，常導致嚴重的交通事故。

形成睡眠不足的兩大原因：其一，是工作量太多，熬夜加班，延遲就寢，影響作息時間；其二，是心理壓力大，即使早早上床，數羊千萬隻，怎麼都睡不著。一旦長期睡眠不足，必然造成身心負擔，形成生命的負債。最新的醫學研究證實：平日睡眠不足，光靠假日補眠，容易更加疲累。我發現有睡眠不足困擾的族群，年齡有向下發展的趨勢，居然有不少高中生會找我傾訴睡眠不足。有時候，是因為課業壓力大到睡不著；有時候則是因為滑手機，時間拖太晚，壓縮了應有的睡眠時間。

欠債還錢，是大家都懂得的原則。但若欠睡眠的債，未必用補眠還得起。一來，你未必有時間補眠；二來，作息亂掉之後，整個生活節奏都不規律，不但一時半刻調整不過來，還可能演變成長期惡性循環。千萬不要小看睡眠負債，心懷僥倖以為自己只要靠意志力，勉強還撐得過去。或許短期看不出問題，長期下來，一定會引發身心健康的危機。很多人都在二、三十歲時，忽略睡眠問題；年過四十、五十，就出現自律神經失調、免疫力下降等症狀，在繼續攀登人生高峰的路途中，形成自我的阻礙。

如果你是一個會替自己擬定計畫的人，建議把就寢時間與睡眠時數，都一併規劃吧。無論那段時間多麼忙碌，都不要勉強自己長期熬夜。**當你發現事情多到做不完，應該慎重地重新分配時間、調整進度，甚至是修訂目標，對工作展開斷捨離，而不是優先犧牲睡眠。**

一旦設定好就寢時間，就應該提前沐浴更衣，放鬆身心，準時關燈就寢。睡前避免做兩件事：一是運動；二是滑手機。運動，會使體內溫度提升，妨礙睡眠。滑手機，則是讓頭腦靜不下來，無法順利進入睡眠狀態。

盡量把手機放在距離床頭遠一點的地方，避免電磁波干擾。如果習慣用手機設定鬧鐘的人，可以考慮在睡眠期間使用「飛航模式」，就能讓身體好好休息。

由於我長期處於非常忙碌的狀態，勢必無法擁有正常人的睡眠時數。二、三十歲為事業在打拼的那幾年，每天勉強還能睡到六小時，近年來家母罹癌後，在同時操持家務與公務的情況下，大概都只能睡五小時。但，我都盡可能維持規律的作息時間，並聽從中醫師的建議：想辦法在午休時間，小睡十到十五分鐘。

最近我邀請一位來自美國的老師到台灣開課，為期四天的課程，每天上課八小時，她意外發現：大部分學員都會利用午休時間小寐，以便可以精神抖擻地繼續下午的學業。她笑著說：「午睡很神奇，我要向你們學習。」

對於長期勞碌而無法獲得充足睡眠的人來說，把握任何可以「度咕」一下的時間，像是很盡力地以分期付款的方式，還睡眠的債。雖然，未必能真正百分之百清償完畢；但是，總比愈欠愈多還要好。

如果是因為其他身心問題，而有睡眠障礙，不妨找專業醫師或心理諮商師，尋求積極解決的辦法，以免惡性循環，陷入憂鬱。

#對工作展開斷捨離，而不是優先犧牲睡眠。

03

有意識的閱讀
是灌溉生命的養分

沉浸於一本書的字裡行間，
不只是在閱讀花園裡，培育自己思想的果實，
同時也是在時光中，醞釀人生的智慧。

無論學歷高低、外貌美醜，有習慣深度閱讀的人，氣質就是不一樣。因為讀書，其由內而外所散發的氣質，更是超越了學歷高低與外貌美醜，才會有一句話說：「三日不讀書，語言乏味，面目可憎。」

其實，這句話是後人簡化的，原文出自宋朝文學家黃庭堅所作：「士大夫三日不讀書，則義理不交於胸中，對鏡便覺面目可憎，向人亦言語乏味。」雖然他當時指稱的對象是「士大夫」；但由於現代教育普及，這句話可適用於所有人。

儘管如此，讓自己有氣質，並不是讀書的最終目的，這只是伴隨讀書而來的附加價值而已。所謂的讀書，也不應該有太多世俗功利的想法，否則若只是應付考試、或通過檢測，往往會減損閱讀的樂趣。

尤其很多聲稱自己不喜歡讀書、或一看到書就想睡覺的人，通常是受到學生時代的經驗所限，被考試分數高低制約，進而影響閱讀的興趣。其實即使是成績優秀的學生，也會認為讀書是一件痛苦的事，那是為了拿到好成績，才咬牙忍耐讀熟教科書，並非是真正對閱讀有興趣。

畢業離開學校之後，是否能培養出真正閱讀的習慣，就會成為在職場上能否讓自己繼續成長的關鍵原因。

這裡所指的閱讀，是指一部完整的作品，不是透過網路閱讀幾句被拼湊的農場文摘，和數篇簡短的文章，而是「有意識的閱讀」。這應該包括下列這四個很重要的元素：

1主動性：因為自己想要了解某個主題而進行閱讀，不是被餵養文字、也不是為了應付繳交心得報告。

2目的性：基於個人的興趣或某種需要，有時候也可能是為了想幫別人解決一個問題而閱讀，希望透過閱讀而建立觀念、培養技能、或體驗人生。

3系統性：閱讀完整一部作品，和閱讀網路上那些片段或瑣碎性的文字，最大的差異是前者提供了比較完整的架構與邏輯。閱讀之後，也未必要照單全收，可以再繼續延伸閱讀相關的主題，培養自己思辨的能力。

4應用性：不論是抽象的人生哲學、心理勵志等觀念，或是具體到烘焙西點、種植花草等技術，不要以囫圇吞棗的方式閱讀，而是以自己能夠消化吸收的方式，把這些觀念和技術應用在生活上，反覆地探索與印證，就能把在閱讀中所得到的資訊和知識，內化成為自己的思想與觀點。當然，如果你是照單全收地分享原文，就應該註明出處，以表示對作者的尊重。

以上四個「有意識閱讀」的元素中，你符合幾種特質呢？一切都不嫌遲，你可以據此延伸，找到屬於自己的閱讀偏好。

年少時期的我，並不是一個很愛閱讀的孩子。尤其是學業的挫折，一度讓我看到課本就有壓力。所幸，我的父親和姊姊都很喜歡閱讀。在經濟匱乏的家庭裡，最富足的財產，就是書架上一排又一排的書本。在我對人生感到最困惑與絕望的時刻，隨手從書架上拿下來翻閱的那幾本書，成為灰敗歲月裡的一個出口，讓我在微光中重新找到人生的方向。

有意識的閱讀，既是和作者的對話，更是與自己的反思。它能夠帶給你的收穫，不只是解惑當下，也會在日後當你面對自己人生的困境時有所啟發，甚至可以為身邊的親友，在處理問題時提供解答。試著沉浸於一本書的字裡行間，那不只是在閱讀花園裡，培育自己思想的果實，同時也是在時光中，醞釀人生的智慧。

不妨審視自己每月的支出，無論是「時間」或「金錢」的花費，有多少是用於閱讀上的呢？如果認識新朋友、或求職面試時，對方問你：「最近在讀什麼書？」你的答案，又會是什麼？他們可能會從你的答案裡，推估你的興趣、品味、甚至是人生價值觀呢。

#閱讀，可以和作者的對話，也是與自己的反思。

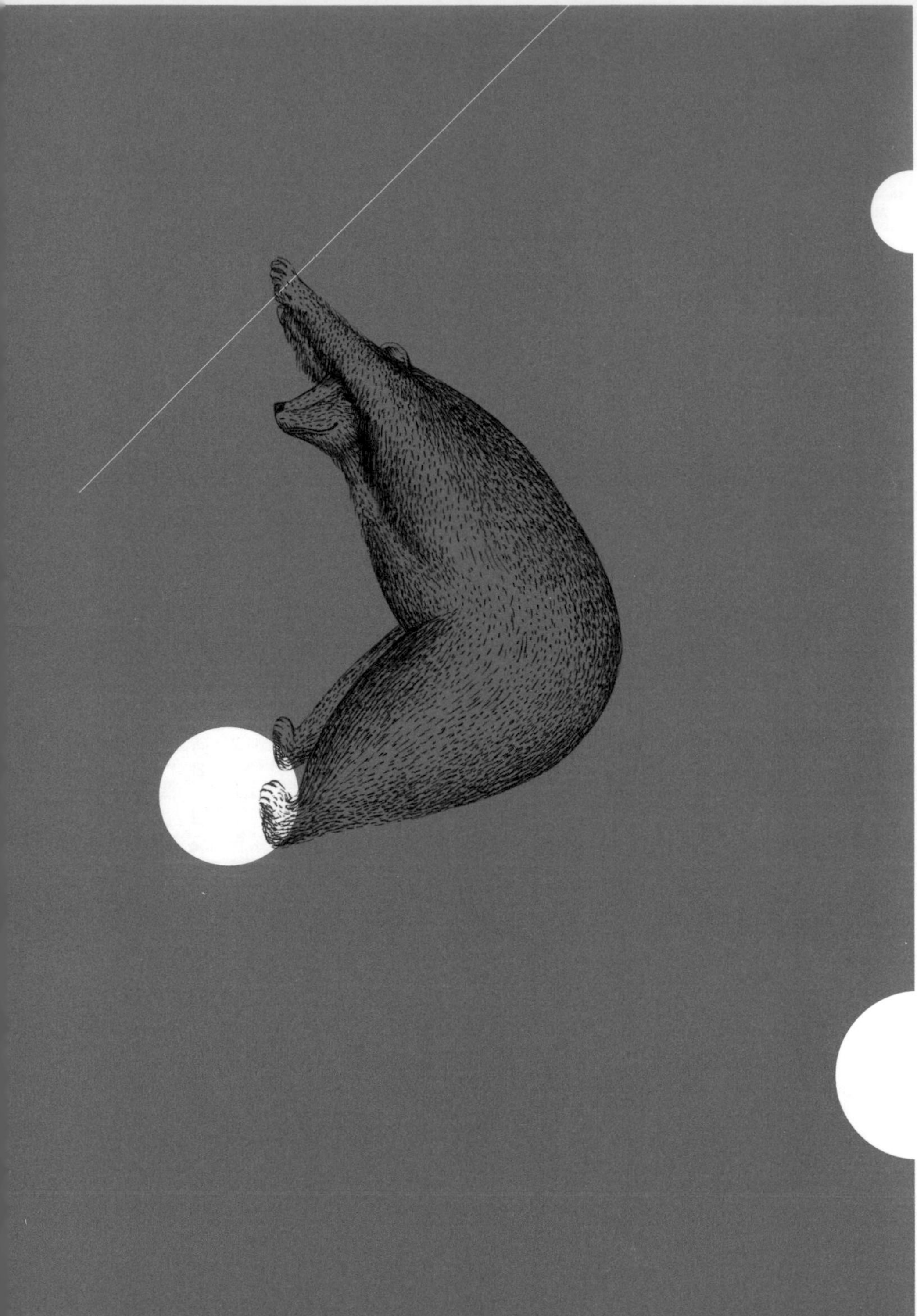

管理好自己的時間，
其實就是自律的表現。
這是主控自己人生，最基本的能力。

04

善用筆記
訓練邏輯思考

單靠大腦鉅細靡遺地記下每一件事情，一定會有所疏漏。
及早培養筆記的習慣與能力，
可以彌補大腦記憶體的不足。

接受大學教育，在我的學習歷程中，是一個很重要的分水嶺。

在此之前，我的課業簡直一場糊塗。即使在高中時，終於知道要發憤圖強，卻也感到相當吃力，上課不只「有聽沒有懂」，連聽都沒有百分之百聽進去。然而，這些問題到我上大學之後，彷彿就迎刃而解。

為什麼會有這麼大的翻轉呢？在進入社會工作幾年之後，仔細回想與比對，才發現屬於自己的一個成長秘密：原來，我有注意力不集中的問題。解決這個問題的最佳對策，居然是筆記！

我就讀的大學，強調自由的學術風氣，幾乎大部分的老師，上課都不點名，也沒有排座位。也因為是費盡千辛萬苦才考上大學的，所以我對每堂課都非常珍惜，上課時都選在前排中間的位置，算是熱門演唱會的搖滾區，票價最貴的區域。我發現：只有坐在距離講台最近的座位，跟老師的目光可以有直接的接觸互動，才能夠比較專心。

而且跟老師這麼近距離的面對面，當眼神對到時，難免會有一些尷尬，再加上我自知記憶力和理解力都比不上同儕，所以就靠抄寫筆記來化解跟老師偶爾會對上眼的尷尬，另外也可以幫助自己記憶和理解。

剛開始的階段，我的筆記並不怎麼樣。字跡潦草、內容片段，有時候連回家重新整理一遍，都還看不清楚自己上課時在鬼畫符些什麼。不過，經過四年的大學教育，不斷地反覆訓練，進展便很快。印象中，到大三、大四，我已經能夠在課堂上當場就整理好一份完整的筆記，甚至成為班上同學爭相影印的考試秘笈。

從《子彈思考整理術》中，得知作者瑞德．卡洛（Ryder Carroll）跟我一樣，從小就有注意力缺失的問題，他才會把所有的想法和任務，彙整在同一本筆記本裡加以共同管理。其實，無論是否注意力不集中，每個人的大腦所能夠記憶的容量都是有限的。尤其年紀愈大、事情愈多之後，若是單靠大腦鉅細靡遺地記下每一件事情，幾乎是不可能的事情，一定會有所疏漏。因此，及早培養筆記的習慣與能力，可以彌補大腦記憶體的不足。

這個訓練，也在我進入社會工作之後，依然蒙受其利。一方面是在辦公室和同事開會、或是外出與客戶面談，隨手筆記的習慣，不但能夠記錄重點，避免自己有所疏漏而影響工作，還有另一個好處是：讓一起開會的同事、或談話的客戶，都覺得我有很用心在傾聽，且尊重他們的意見，無意間也為自己建立了良好的人際關係。

第三個好處是：訓練自己的邏輯思考。麥肯錫日本分公司前總經理大前研一曾經表示：**筆記，不是用來記下別人說的話，而是用來整理自己的思緒。**

就像我在大學主修企業管理，但一開始工作是在電腦公司服務。除了上班時多請教工程師，下班後還要研讀許多電腦與資訊相關的書籍，才能彌補自己在專業上的不足。這些筆記，正是幫助我整理思緒時最有效的工具。

到目前為止，手邊還保留著從大學時代到上班族工作的所有筆記本，不但讓我在查閱資料、或對比資訊時有所依據，更重要的是培養自己從記錄、整理、到分析的獨特能力，一生受用無窮。

現在我在電台工作，經常要製作很多人物的深度專訪、和主題式專題，事先要研讀大量的資料、書籍，多年來勤於筆記的訓練，讓我在準備訪問的題綱、和現場節目進行問答的當下，都能快速記錄重點，同步歸納分析，讓來賓和聽眾都覺得條理分明，清晰易懂。

市面上，有很多教導讀者如何有效做筆記的書籍，可以依照自己的需求，開始學習。而筆記的內容，除了應用在日記手帳，記錄自己每天的行程，又可以應用在開會或上課，記錄主講者所傳遞的重點，也可以在閱讀一本數以百計頁數的書籍之後，讓你有效整理出心得，幫助自己更深度的思考、再分享給別人。

#筆記幫助自己記憶和理解。

05

事事反省；日日感恩

願意深刻自省，就不會流於只是表面上的自責；
能夠眞心感恩，就不會只是淪爲情緒上的感慨。
自省與感恩，都需要更積極的行動。

在我剛創業不久的某天清晨，母親因為腦幹出血，中風而倒下。經歷至親在生死關頭掙扎後，還能夠擁有在病房照顧她、陪她復健的機會，讓我學會無論碰到什麼事情，都要懂得反省與感恩。

那一段漫長的日子，既要擔任照顧者，又要忙於公司的業務，很多朋友非常驚訝，都會關心地詢問：「你是如何熬過那一段蠟燭兩頭燒的生活？」

可能就是那段時間，自己對於時間的運用，有很深的感觸。於是那時在筆記本寫下「自由，是留給自律的人」，後來我也將這句話，發表在出版的作品中，獲得很多讀者迴響。這二十幾年下來，我陸續發現不同世代的作家，也都各自從不同的角度，試圖詮釋這個觀點。

當我再回頭看這些年來的生活體驗，「必須足夠自律；才能擁有自由。」這個觀念，其實有三個不同的層次：

第一個層次，是指「時間」。你必須能夠按照既定的時間規劃，把握每一個行程的進度，才不會被工作追著跑，被壓力逼得喘不過氣來，保有時間的彈性與自由。

第二個層次，是指「慾望」。你必須能夠不斷的學習辨識：真正的「需要」、和可有可無的「想要」，兩者之間如何區分？

也許在人生每一個階段，「需要」和「想要」的界線，隨時都在變化。但只要能在當下看清楚這一條界線，就會懂得如何駕馭慾望，而不會被物質所役。這個分寸的拿捏、界線的掌握，就是練習自律最好的方式。

第三個層次，則是指「靈性」。你必須能夠透過不斷的反省，鍛鍊自己有更強大的能力，去承擔更多的責任，而不是一碰到問題就逃避或怨天尤人，這樣才能在身處挫折與逆境之中，依然擁有解決問題的能力，以及保有自我的自由。

三十歲之前的我，對凡事都竭盡所能、克盡全力去付出，希望自己能夠活得理直氣壯、正義凜然，但求無愧於心。後來，經歷很多生死大事、情感糾結、工作瓶頸，每一次脫困而出，都因為痛苦的蛻變過程，而帶給自己更深刻的領悟。

原來，**有愧於心並不是壞事，它讓我懂得懺悔，知道自己的不足。**心裡留下這個不完美的缺憾，反而能提醒著我：記得謙卑，無論對逆境或惡人，都要心存感謝。

於是，事事反省，日日感恩，就像心靈的體操一般，時時鍛鍊著我的內心，讓它因為足夠強大，而能夠保持溫柔。反省，並不是要苛責誰對誰錯，而是要找到下一次自己可以做得更好的缺失與改進的方法，以便於承擔起更多的責任。

願意深刻自省，就不會流於表面上的自責；能夠真心感恩，就不會只是淪為情緒上的感慨。自省與感恩，都需要更積極的行動。

若只是一味地自責，其實完全無濟於事。自省過後，不計較誰對誰錯，能勇於承擔責任，化為積極的行動，彌補上一次的缺失，或是獲得下一次的完善，就可以讓自己更有自信。

自省，會帶來自信；感恩，則會有更多感動。

願意自省，才能真心的感恩。感恩的對象，包括：曾經支持過你、幫助過你的人，曾經帶給你挫折、痛苦的人，以及願意接受你幫助的人。若沒有這些人，也就不會有現在更好的你。

能夠感恩，才會有真正的感動。而這裡所說的感動，可以更具體地指向：把感謝化為行動。如果只是將感恩放在心裡，別人頂多只能看到你外表上知足喜悅的神情，是無法獲得力量的。

因此，必須將心中的感恩，化為具體的行動。把心中最美好的能量，透過日常生活中的具體行為來互動，與別人產生真正的連結，並且擴展到更多的人身上，給這個世界帶來更正向的影響力。

#反省，是要找到下一次可以做得更好的地方與方法。

06

養成持續運動的習慣

找到真正有興趣的項目，然後認真的投入，
只要一、兩個月的時間，就能體會運動的好處，
進而培養成日常的習慣，宛如每天要吃飯、睡覺那樣的自然。

從二十幾歲開始工作到現在，我都維持平均每個星期至少運動三次的習慣。之前，是跑步和游泳交替。兩年前母親罹癌，陪著她在醫院治療，為期將近一年的時間，待病情獲得良好的控制之後，才開始做重量訓練。

身邊的朋友經常以疑惑的眼光探詢：「為何在百忙之中，還要瘋狂地投入運動？」真正的原因是，我在醫院陪伴母親治療的那段期間，深刻體認到生命的脆弱，更顯得：「讓自己的體能強大」，是多麼重要的事。

尤其年紀愈大，愈需要肌力訓練。雖然肉身不可避免地要從成熟走向衰退，但若能擁有強健的體能，便能足以撐起身心必須承受的煎熬、及日常需要承擔的責任。

說來汗顏，儘管我小時候是在山裡活蹦亂跳的放山雞，回台北就讀國中以後，卻變成一個非常不愛運動的學生，並且視上體育課為畏途。

回想起來，最重要的原因可能是從前的教育環境不夠多元，上體育課是很無聊的事。小學，就是躲避球；國中開始，有排球；上了高中，大部分是籃球。

即使我就讀的高中規定：學會游泳，才能畢業。但一個禮拜只有一、兩節體育課，夏天適合游泳的時間又很短暫，體育老師根本不可能有系統地把所有學生全部教會。他只能用最蠻橫的方式，把不會游泳的學生推下水，激發我們的求生本能，在水面上掙扎的踢打幾下，藉由這種痛苦的壓力，撐過二十五公尺，通過考試。

這種教育方式，曾經讓我極度痛恨游泳。

直到大學，體育課才開始海闊天空，有各式各樣的運動項目可供選擇，不用勉強自己去做不喜歡的運動。從此，把我從運動的十八層地獄，帶向快樂天堂。

真正體驗到鍛鍊體能的好處，是在當兵的時候。我被分發到憲兵單位獨立排，每天早上要帶著弟兄跑三千公尺。新竹的冬天，擁有聞名全台灣的寒風細雨，幫助我鍛鍊出強大的體魄，以及鋼鐵般的意志，不僅很少感冒，整天精神十分抖擻。

開始上班，工作比較穩定之後，我便立刻加入了健身房的會員。當年的運動風氣並不普遍，先後加入過的幾個連鎖經營的健身房，後來都倒閉了。但我對於運動的熱衷，並沒有因此而退卻，繼續轉戰社區附近學校的操場、公園、河堤。

真正培養出運動的習慣之後，只要一、兩天下雨，沒有出去戶外運動，都會覺得渾身不自在。我想運動的好處，不只是體能的鍛鍊，同時也可以紓解情緒的壓力，讓自己的身心都維持在平衡的狀態。當然，也包括外型優美的體態。

現在私人民營的連鎖健身房很普遍，許多縣市也有公家委託民間經營的社區運動中心，裡面的運動設施非常多，游泳、跑步、攀岩、射箭、桌球、羽球、籃球、重力訓練……應有盡有。

還有一些獨立健身房，以具有專業證照與訓練能力的私人教練為號召，以一對一的方式進行訓練課程，儘管費用不便宜，但只要持續接受專業的訓練一段時間，效果都滿顯著的喔。

如果你覺得自己從未愛上過運動，原因可能有兩種：第一，你接觸的運動項目還不夠多，所以尚未找到真正喜歡的運動；第二，你還未真正開始養成習慣，還沒親自體驗到運動帶來的好處。建議多方嘗試各種不同類型的運動，找到真正有興趣的項目，然後認真的投入，大概只要一、兩個月的時間，你就能感受運動的好處，進而培養成日常的習慣，宛如每天要吃飯、睡覺那樣的自然。

我也觀察到每個人喜歡的運動形式，多少與個性有關。

像我並不熱衷於呼朋引伴，所以比較喜歡像游泳、跑步、重力訓練等，這種一人就能進行的運動。有些朋友喜歡桌球、羽球、網球、籃球、棒球等，享受於捉對廝殺、或團體活動，除了喜歡結伴同行之外，也可能是享受分出勝負、一較高下的刺激感。

你喜歡什麼運動呢？從運動中，你一定也會更了解自己。

#強健的體能足以撐起身心必須承受的煎熬。

07

享受美食；安於粗食

眞正有情有味的人生，是能夠依照
不同場合、不同對象、不同功能、不同目的，
隨緣自在地享用美食。
甚至有一種層次，是能夠在粗食之中，吃出食物的幸福感。

對大部分人來說，美食，是難以抗拒的；但很少人真正想過：我們無法抵抗的是美食本身、還是自己需要被疼愛的感覺。

食物，一直具有強大的療癒效果，尤其在你最飢餓的時候。偏偏有一句話是這麼說的：「飢不擇食。」似乎也說明了，餓過頭的時候，不僅會失去理性、也會失去判斷的能力。在這個時候，美食最容易被糟塌，因為人們只顧著要填飽肚子，無心品味它的色香味。

嚴格來說，享受美食，是需要被鍛鍊的能力，不只是細膩的感官品味，也是極高的節制自律。真正高檔的美食，有它的文化、有它的吃法、有它的順序，絕對不能像是餓虎撲羊般，直接放進嘴裡快速大啖，否則就浪費了。

我的父母生長在戰亂的時代，他們的童年物質極度匱乏，能有地瓜稀飯溫飽，已是最大的幸福了。戰爭結束後，生活漸趨安定，開始有了選用食材的自由度，家裡逢年過節的餐桌上，也能出現慢工細活的佳餚。

原來，美味的記憶，是結合文化與技術的傳承，不會因為貧困而中斷。以「東坡肉」為例，千百年來穿越古今，仍能滿足饕客的味蕾。

每個人的心目中，總有幾道家鄉菜，在成長記憶中，彷彿一張張幸福的標籤，記錄著被愛過的痕跡。離家之後，這些美味化為深刻想念。我們開始學習適應不同食物的風味，無論別人家的菜餚、或異國美食，有的令人驚豔，有些讓人掩鼻。

對食物的好惡，本來就非常主觀。若你願意更進一步去知道它的來歷、了解它的典故，就可能會有更多的欣賞與包容。這時候，美食就不會只是感官的享受，更是文化與修為了。

二十幾歲開始工作，我常因為公務而必須外食，而有機會接觸到不同料理。在那個階段，都由職場前輩帶路，其中有些甚至是業界的美食專家，在逐一打開美食眼界的過程中，不僅每一道料理都是學習，每一次餐飯也都是規矩，我漸漸知道，**餐桌上的品味，除了感官，還有禮儀。**

當然，也會有同事在高級餐廳酒足飯飽之後，自暴自棄地說：「與其這麼麻煩，不如在夜市叫碗滷肉飯、喝個貢丸湯，更自在愜意。」好像真的人在江湖，連吃飯都身不由己。精緻的美食，往往十分耗工，而且是專業廚師竭盡一生所學，所展現的心意與才華，自有它一定的價值，不容貶抑。

我倒覺得：真正有情有味的人生，是能夠依照不同場合、不同對象、不同功能、不同目的，隨緣自在地享用美食，甚至有一種層次，是能夠在粗食之中，吃出食物的幸福感。

這裡說的「粗食」，並非對任何食物有所貶抑，而是指最接近原形的真食物，類似水煮青菜、烤地瓜、蒸芋頭，沒有過多調味與烹飪的程序，只用最簡單的製作方式，保留食材最原始的形貌與味道，經過細嚼慢嚥後，在唇舌間流露自然而珍貴的甘美。近幾年有醫學指證：粗食，對健康最有幫助。如果二、三十歲，就能體驗出「既能享受美食；也能安於粗食」的道理，在享受生活的品味中，依然可以保有身體健康，不讓自己因為貪吃而造成負擔，是很幸福的事。

不過，我也觀察到很多年輕世代的朋友，漸漸無法分辨什麼是真正的美食、也難以吞嚥粗食。他們誤把化學添加的人工調味料，當作美味的來源，麻痺了味蕾；碰到「真食物」時，就覺得平淡無味，難以下嚥。很快地，身材走樣、顛倒品味，實在可惜。我常在Instagram上看到很多以美食餵養相機的網美，他們常幽默地自嘲是「假文青」，到處享受美食，上網打卡宣示品味。但其中不乏大量垃圾食物，且無法分辨美味的真偽。

這時候，唯有靠戒斷「假美食」一段時間，才能重新體會人間的真滋味。

#無法以抵抗的是美食的本身，還是自己需要被疼愛的感覺。

反省，
並不是要苛責誰對誰錯，
而是要找到下一次
自己可以做得更好的缺失與改進的方法，
以便於承擔起更多的責任。

08

試著與自己相處

每天給自己一段獨處時間，
靜下心來好好地跟自己對話，傾聽內在的聲音，
將會帶領你去接納眞實的自己。

自從日本暢銷作家岸見一郎出版《被討厭的勇氣》，將阿德勒個體心理學原理應用在生活裡人際關係的相處上，許多年輕朋友都把「被討厭的勇氣」，當作碰到人際關係相處難題時，對自己的勉勵。

問題是，當你培養了足夠的「被討厭的勇氣」，回到獨處的時光，是否還喜歡真正的自己？這個問題的答案，牽涉到下面兩種成因：一，你是「主動」獨處；還是二，你是「被動」獨處？

如果你每天都會主動給自己一段或長或短的時間，靜下心來好好地與自己對話，傾聽自己內在的聲音，這一段獨處的時光，將會帶領你與自己更靠近、更理解、也更有勇氣，接納真實的自己。反之，若是被動的獨處。因為此時此刻大家都在忙，或是事先沒有約好，找不到可以一起相聚的朋友，而必須獨處；或是本來就不擅長處理對外的人際關係，而必須不甘不願地讓自己面對獨處的時刻，這時候，就不只是要有被別人討厭的勇氣，可能還需要更多被自己討厭的勇氣。

一位從事業務性質的朋友，平日非常忙碌，連續假期清晨醒來，因為沒有安排行程，突然不知道自己要做什麼才好，他從手機發訊息過來說：「憂鬱、恐慌，像海浪般襲捲而來。」

單獨自處，比較相近的英文字詞是「alone」；感覺孤單，則比較像是

「lonely」。該如何單獨自處而不會感覺孤單呢？在此分享三個秘訣，**第一個是：主動讓自己孤獨；第二個是：習慣讓自己孤獨；第三個是：享受讓自己孤獨。**這是通往幸福的必要學習，它會為你的人生帶來莫大的勇氣與力量。

之前曾在廣播節目分享過，網路上流傳的「國際孤獨等級表」，一個人獨自進行的事，從初淺的第1級，到最強烈的第10級，依序是：1「逛超市」；2「去餐廳吃飯」；3「在咖啡館喝咖啡」；4「看電影」；5「吃火鍋」；6「唱KTV」；7「看海」；8「去遊樂園」；9「搬家」；10「手術」。

有幾位聽眾和我一樣，可被封稱為「孤獨十項全能」，也就是以上都能勝任。即使「一個人去做手術」，雖然有點害怕、卻不特別感傷。

二十幾歲，剛開始工作的那些年，我曾有一段時間獨居生活。某個半夜，下腹部突然傳來劇烈疼痛，我半夜獨自爬行到路邊，攔車去醫院急診，必須開刀且住院一個星期。直到快要出院了，才通知家人。當時，非但沒有自憐自艾，甚至還有一種「原來我連碰到這種事情，都可以不用麻煩別人」的喜悅與成就。

回想起來，可能是童年生活在偏鄉的山上，大部分時間都是一個人獨處，面對無垠的天空，讓我喜歡「和自己對話」。長大之後的我，不論碰到特別開心的事，或非常痛苦的事，都很習慣讓自己擁有一段情緒沉澱的時光。

三十歲前夕，那時為一段暗戀情傷而意志消沉，便獨自搭乘客運前往日月潭。一個人面對渺渺如煙的湖光山色，在細雨中碰到一家人，正準備搭船遊湖。他們熱情地邀請我上船同行，那一、兩個鐘頭的時光，卻是我生命中非常寶貴的記憶。

跟這幾位新朋友共處的同時，我發現自己面對孤獨的時候，已經培養出和自己相處的能力。不論一個人、或是和一群人，都能夠安心自處。

單獨自處，可以和自己深度對話，往自己內心深處的小徑，緩緩地走去。跟一大群人在一起時，還能夠自處，那是一種層次更高的獨處。不必討好或配合別人，隨時都能覺察到自己內心真正的想法。

和別人相處的時候，內在依然安適得像是在獨處，這才是阿德勒心理個體心理學的真正境界，也就是**把握「人我界線」和「課題分離」的兩項原則，無論再怎麼熱鬧或孤獨，你都能夠保有真正完整的自我，不隨別人的意念起舞，不受他人的情緒左右。**

#無論再怎麼熱鬧或孤獨，也不隨別人的意念起舞。

09

尋找家與辦公室以外的第三場所

明明想要轉念卻一直轉不過去的時候，
不如透過「第三場所」，
一個小小的環境，來改變大大的心境。

除了工作的地點和住居的空間之外，你的生活是否還有另一個地方，可以被稱之為「第三場所」的去處？

在這裡，你可以完全放空自己、也可以短暫地休憩、或是激盪創意。它可以是你痛苦的避風港、挫折的避難所，或者，只是一張讓你可以哭泣、發懶或耍賴的心靈沙發。總之，它能讓你的身心深度地放鬆，也能讓困住的思緒有更廣泛的延伸。

社會學家雷．歐登伯格（Ray Oldenburg）在《最好的場所（The Great Good Place）》，提出「第三場所（Third Place）」的概念，泛指在住家與工作場所之外，可以不受身分限制、隨興自在、平等開放、輕鬆對話的空間。

他所謂的「第三場所」，**並非一定是設計精緻的商業空間，有時候帶一點隨興或雜亂、居家般的舒適感，也是很迷人的。**

在朋友眼中，我是一個蠟燭兩頭燒的人，但他們時常好奇，為什麼我看起來又好像游刃有餘似地，總能把事情依照計畫，按部就班完成？

或許那是因為我一直擁有屬於自己的「第三場所」，它總能在我體內力氣用盡之前，重新為心靈充電。三十幾歲時，因為母親中風臥病，我為了兼顧家庭與工作，不停奔波在高度的時間壓力與龐大的工作量之中，依然還可以在從容中體會幸福，這一切都要歸功於那個「第三場所」。

講到這裡，你可能會猜到底我所說的「第三場所」是哪裡？書店、傳統市場、咖啡館、游泳池，還是健身房？如果這個題目可以複選，我的答案會是：以上皆是。但，若只能單選，健身房是比較固定的「第三場所」，它讓我完全忘了塵俗中擾人的一切。透過體能的鍛鍊，而更接近自己心靈的深處。

健身房裡，同一個時段在運動的會員，我們未必真正知道對方實際的年齡、工作、與背景，但只要來到這裡，都成了同樣身分的人，就很單純只是一個運動的愛好者而已。卸下所有社交的標籤，毋需過多的評斷與武裝，我們並沒有刻意要交往成為朋友，卻也不排除任何成為知己的可能，只不過因為沒有目的性，所以更輕鬆。即使不聊天，都能個別安然自處，完全沒有壓力。

在城市的角落，也有幾家我個人鍾愛的咖啡館，有些是因為地點方便，有些是空間雅緻，也有些是因為咖啡風味獨特，不論是一個人想要安靜地思考、或與好友相約談心，都會讓我覺得非常自在而放鬆。

即便後來我的生活節奏愈來愈忙碌，所謂的「第三場所」，並沒有因此被擠壓，反而因必須臨機應變而更彈性、自由。它可以是某個公共空間角落中的座椅、可以是我常常往返捷運站旁的飲料吧，也可以是我陪伴母親到醫院就診等待檢查或領藥的休息區。

我們常聽說一句話：「如果不能夠改變環境；那就改變心境吧。」若透過深度的內在修為，的確轉變心境會比改變環境來得更簡單快速；但，如果你還沒有到達這樣的修為，想要轉念卻一直轉不過去的時候，透過「第三場所」這樣一個小小的環境，來改變大大的心境，或許是一個可以嘗試的方法。

很多便利商店和咖啡館，都增設座位區，其實商家都是看中所謂「第三場所」的商機，讓川流不息的人生旅客，能夠在行進間的某個角落，撿拾自己匆忙之間遺落在紅塵的初心，重新好好呵護著。

而你的「第三場所」會是哪裡？

觀察一個人的「第三場所」，也可以看出他的生活風格、甚至是他的價值觀。一個必須要靠逛街購物紓解壓力的人，「第三場所」可能是設在商場、購物中心；一個喜歡靠著閱讀與思考，重新梳理人生的人，那麼，很有可能在咖啡館和書店。期待在這些「第三場所」，與你相遇。

#能讓你放空自己、短暫休憩、或是激盪創意的地方，就是最佳第三場所。

Part 6

感情

不要害怕，就去愛

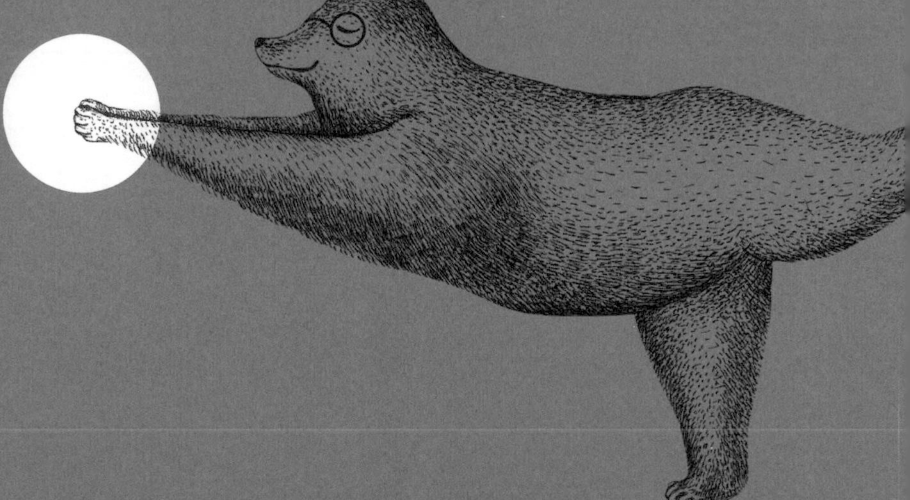

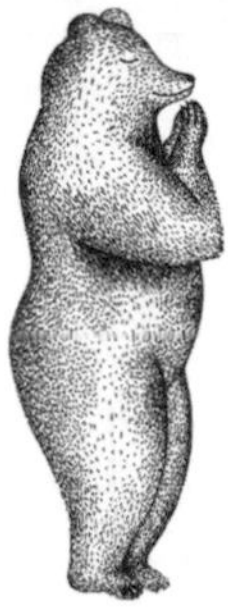

離開遊樂場之前，忽然下起大雨，此刻手機出現曖昧對象傳來關心你的簡訊，你會有什麼反應？

- ◯ A. 感謝對方之前送你的雨衣和登山杖。
- ◯ B. 先拿到寶藏，回去再嘗試向對方告白。
- ◯ C. 更堅定相信自己一定會尋寶成功。
- ◯ D. 愛情不能當飯吃，人生要靠自己努力。
- ◯ E. 請對方多留一些鼓勵的話，繼續支持你。

題目完成度
★★★★★★☆

01

想告白或要分手
一有念頭便行動

處理感情問題時，若帶著「船到橋頭自然直」的想法，
既逃避現實，也不負責任。
不論結果是否能如預期，都必須學會當機立斷，
付諸行動去爭取。

拖延，是全世界最昂貴的浪費。但，你能理解、或同意這個說法嗎？

我相信，在大部分的日常生活、或例行工作上，每個人或多或少都有過拖延的經驗。原因不外乎有兩種：

1因為那件事情並不是現階段生命清單裡，最優先處理的事項。

2自己覺得力有未逮，無法處理，而不想面對。

於是，就能拖就拖吧！

不過，有另一種推延，有可能會是更嚴重的浪費，卻常被視為浪漫。那就是，有些人沒有勇氣面對或處理感情的事情，便一再拖延決定去留的時間，耗費了青春歲月，心中依然懷抱著沒有結果的夢想，竟然還當作是一件很浪漫的事呢。

在某個情人節，我在電台節目上接到一位聽眾的電話，她說從大學念書的時候就喜歡上一個男生，到現在已經暗戀他超過二十五年。這個女生目前單身，但那位男生已經不知去向了。她把這相當於四分之一個世紀，對於情感的等待，當作是這一生最浪漫的事。但，我聽到這裡有點困惑：她究竟是非常看重這一個人，還是只是閒來無事，邊看邊等而已？

喜歡一個人，不採取行動，憑空等待二十五年，完全沒有用任何直接或間接的方式告白或暗示，到最後彼此失聯，而心裡卻還想著對方。這究竟是一種浪漫、還是一種浪費呢？

我想，這就是感情與工作兩者之間，最不一樣的地方。如果有一個人，為了等待一份理想工作，而不主動求職，只是被動地等待對方來延聘。在等待的期間，可能是自己膽怯、或為了表示忠誠，也完全不去其他公司面試，結果耗掉了二十五年，是不是會比較容易判斷出，他在浪費自己的生命？

年輕時對感情的浪漫，會不會是一種最可惜的浪費？但，卻不自覺？

另一種發生在感情的相對情況，也是很普遍的。一段感情，兩個人已經談到都無法再繼續相處下去，卻沒有任何一方願意主動改善，也不願意主動提出分手，不斷消耗對方、也消磨自己，對彼此都沒好處。即使是感到痛苦的時光，一晃眼過了好多年，兩人都覺得不開心、也不幸福，卻始終沒有放過對方，當然也不放過自己，這顯然是一種昂貴的浪費。

在這裡想要告訴年輕的你，**當你對一個人開始有好感，就要立刻採取行動。倒不一定是立刻告白，但絕對不要默默守候或等待。**

你可以做的事情很多，例如：有計畫性地和對方以朋友的模式互動，藉由戶外活動、聊天等，增加雙方的瞭解，也讓對方知道你對他有好感，等到更確定彼此兩情相悅、個性合適，就可以詢問對方是否願意再進一步談感情。

相對地，當兩人交往到一定程度，若覺得彼此已不如以往契合，可試著努力調整看看。如果彼此都努力過了，你所期待的交往模式或情感關係，還是沒有明顯改善，就不要繼續浪費時間，可以考慮用安全的方法，提出分手的協議。「從一而終」的觀念，或許已經不適用於現代。**不健康的關係，確實不會因為拖著不處理，就可以習慣成自然。**處理感情問題時，若帶著「船到橋頭自然直」的想法，既逃避現實也不負責任。不論結果是否能如預期，都要學會當機立斷，採取具體行動，付出努力去爭取。

儘管想要主動分手，又想好聚好散，確實不是一件容易的事，需要智慧、也需要練習。但若長期隱忍拖延，耗到彼此都已經「哀莫大於心死」，活埋各自的青春，將會是何等的殘忍？

你可能覺得自己只是一時的心軟，但拖久了就是麻木的心死，多年之後回頭看，才會發現：那其實是多情反被無情誤，對自己和對方來說，都是最大的心狠。

不採取行動的多情，很可能是對雙方最狠的無情，千萬別再繼續折磨彼此啊。

#年輕時的浪漫等待，是一種最可惜的浪費。

02

讓對方想念
比你愛他多少更重要

量力而爲地付出，不再爲了掌控這段關係而面目猙獰，
放手給對方自由的同時，
留一點空間與努力回過頭來營造自己的魅力。

我一直覺得，一段品質很好的感情，並非兩人膩在一起時，有多麼地甜蜜；而是當你沒有在他身邊時，他有多想念你。

要做到讓對方想念，其實很不容易。不只是你的個人魅力，而是你在他的心裡，有了一定程度的份量。他已經把你放在很深、很深的心底，甚至你們兩人的心靈相通，已經融為一體。彼此信任，又各有空間。你不必召喚，他便知道你的渴望；你不必擔心，他便顧念你的感受；你不必遙控，他便珍惜你的牽掛。

這是年輕時的愛情，必先修煉的功力。然而，我知道很多人（包括我自己在內），在那二十幾歲懵懂時期，都把為愛付出的努力，完全用錯了方向。

常常不顧一切地耗盡自己所有的力量，來愛著對方。這樣付出的本身，或許沒有錯。但問題出在：這一切的付出，都只是起始於自身單一、片面的方向。

你很愛、很愛對方。那麼，他的感受呢？

面對這份深刻的愛，他是覺得幸福自在、還是壓力大到喘不過氣來？

少年十五二十時的愛情，就算只是你的一廂情願，對方在別無選擇的狀況下，你的義無反顧，往往是他的義不容辭。當時的愛情，是神聖的恩寵，一張卡片、一杯飲料、一個禮物，都是無敵青春裡的一枚勳章。

來到了二十、三十歲，過往初識的愛情，像一杯夏日可口的霜淇淋，隨風融化的汁液，來不及舔吮回嘴裡，沾黏在指尖而令人尷尬。這時的我們開始顧及現實、和別人的眼光，對愛情少了一廂情願的勇氣，就算還有殘存的念頭，也常在短暫地遇人不淑後，任自己無辜的真心毀屍滅跡。

此刻的你，若還能在愛情中不計得失地慷慨付出，就算被別人笑說癡傻，也是一種幸福。但此刻的他，對於你的一廂情願，開始有了很多的未必，因為他的選項變多了，其中最致命的傷害，並非來自世俗眼中的第三者，而是他堅持要做自己。

許多愛的遺憾，往往來自你很愛、很愛他，但他更愛、更愛他自己。你單方面愛的殘念，變成雙方幸福的殘局。

如果你曾不只一次在愛中受苦過，下次付出的時候，一定要記得：不管你多愛他，都要讓他想念你。

弔詭的是，千萬不要誤以為：能讓對方想念自己的做法，就是在日常無盡的付出。在愛情裡，**能讓對方念念不忘的，往往不是付出了多少，而是你在滿腔愛意中的節制。**

當你學會量力而為地付出，不再為了掌控這段關係而傾盡全力，以免變得面目猙獰，放手給對方自由的同時，也是留一點空間與努力，回過頭來好好經營自己，在他眼裡反而是一種神秘。

意猶未盡，是一種極致命的吸引力，會讓他時時刻刻想念你。

別再基於很愛對方，為了抓住想像中的幸福，而耗盡元氣、掏空自己。這不是善於心機的保留實力，而是懂得經營關係的把握分寸。**無論再多麼愛、多麼親密，即使同住一個城市、一間屋子裡，都要在彼此之間維持一段可以想念的距離。**

相對之下，我也沒有特別鼓勵遙遙分隔兩地的遠距離戀愛。因為維持這段關係的成本非常高，光是花在交通、聯繫的費用與心力，很快就會超過彼此的負荷。除非是雙方都很清楚，這只是階段性的，或因為兩人的個性都不喜歡膩在一起，否則很容易抹煞對愛的憧憬。

想念，是愛情的魔杖。必須在沒有「過猶不及」的前提下，才能化腐朽為神奇。只要懂得用對的方式付出，以對方真正的需要為前提，節制自己過度非理性的衝動，在為對方好的過程中，也讓自己活得更好，保持吸引對方的魅力，讓他在愛裡還能深呼吸。他，就會想念你。

#**能讓對方念念不忘的，不是付出了多少，而是在滿腔愛意中的節制。**

03

祝福很難
但怨恨只會讓自己更受傷

被分手之後，若持續地怨恨，
只會讓情緒不斷地和往事作困獸之鬥，
甚至會失去理智，做出害人傷己的事。

走到愛情的盡頭，能夠好聚好散，通常都是可遇不可求的理想。除非，兩個曾經相愛的人，臨到分手時，默契還是那麼好，連熱情消退的速度都近乎一致。當彼此都察覺愛到無以為繼了，就協議好好說再見吧。

或許，還有另一種可能，就是想要繼續愛的一方，其深愛的程度已經超越了自私，即使自己難過到幾乎無法正常生活、工作，都還是願意含著眼淚、帶著微笑，成全對方去追求他想要的、新的幸福。說真的，這在年輕的時候，不只很難做到、也很難理解，對方為什麼會這麼無情無義。

過去幾年來，我幫助過很多年輕朋友處理分手，絕大多數被辜負的人，面對對方驟然提出分手的當下，內心都會有這樣的潛台詞：「你怎麼可以這樣對我！」「我到底做錯了什麼？」「不是說好了，會相守一輩子嗎？」「我不甘心！」「我過去的付出，都白費了！」

這些激動的情緒都是很自然的反應。若以旁觀者的角度傾聽，也會發現這很符合人性啊。反而是面對分手時，還要祝福對方，才是違逆正常人該有的反應吧！

年輕時面對愛情的結束，尤其當自己是被分手的這一方，要祝福對方確實很難，那就不要勉強自己強顏歡笑吧。生氣、哭泣、傷心、難過……都是被分手後很自然的情緒反應，無須過度壓抑。但也不要讓這些情緒停留太久，好嗎？

再大的暴風雨，總有停歇的時刻，你怎麼忍心讓自己柔軟的內在，長期被負面情緒肆虐。一時的淚水，對內心的傷痛可以有洗滌傷痛、滋潤、修復的效果；但，如果任它氾濫成災，不僅會淹沒自己，也會影響到身邊真心想關切你的人。

所有愛情的停損點，都應該設定在其中一個人決定離開的時候。如果無法給予祝福，至少也別繼續怨恨對方。被分手之後，若持續地怨恨，只會讓情緒不斷地和往事作困獸之鬥，甚至會失去理智，做出害人傷己的事。

有一對情侶，因為有第三者介入而糾纏許久，三人都不肯放手，也沒有人願意成全。持續多年吵鬧、僵持，自以為是愛恨糾結，才會如此轟轟烈烈，其實真正的原因是：對過去不甘心、對未來沒把握，因為害怕改變而持續拉扯。

直到在這段關係中，自稱是「元配」的正牌女友，剛滿三十歲生日隔天，意外檢查出罹患乳癌，驚覺這些年的負面情緒影響了身體健康，才看清楚自己在這段關係中的恐懼與執念。為了療養身體，選擇退出三角關係，並非敗陣下來，而是在全盤皆輸之前，做出智慧的抉擇。

幾年之後，她的身體調養得不錯，癌症也沒有轉移或復發，還碰到一個很疼愛自己的男子，因為男子的母親在情感和健康上，也有過同樣的遭遇，最後竟重病身亡，因而能深刻同理她的心情，更能彼此相知相惜。

當年背叛她的前男友，和那位堅持不肯退讓的第三者，最後也沒有修成正果。她笑說：「可能是我退出後，他們失去最堅強的戰友，才會後繼無力吧。」

此外，我還輔導過另一對同志戀人，好不容易擺平雙方家長的反對，而名正言順地住在一起，最後卻因為財務變成債務，現實的經濟問題被迫分離。為了深愛的伴侶，賠光數年積蓄，卻沒有得到珍惜的男子，因為對方後來愛上一個比他更有錢的男人，而提出分手，為此罹患憂鬱症。

諮詢數次之後，在一次輕鬆聊天時，我引導他思考：「無債一身輕！」的意義。大約兩個星期後，他發訊息來跟我說：「權哥，我終於懂了！我的錢債、情債，都已了結，還真的是無債一身輕啊！」

結束感情，每個人都要找一個適當的時機，重新開始。很難斷定需要幾個月、或幾年後，但一定要記得：決定分手以後，不要讓自己繼續活在怨恨中，新的人生才會有幸福的動力而開啟一段不同的旅程。

#決定分手以後，不要讓自己繼續活在怨恨中。

04

別討公道，即使被辜負

被分手後，能討回公道的機率，微乎其微，
還會讓你進一步否定當初的眼光，
怎麼會看上這個令人連回首都不堪的對象。

年輕時，對處理感情問題的一時衝動，過幾年回頭看看，都會有很深的懊悔。尤其是被分手之後，沒能妥善處理不甘心的情緒，甚至還付出具體的行動，看似平反自己的委屈，其實，會失去更多、且損失更慘烈。

不愉快的分手反應，除了情緒上的怨恨之外，還有一種極具有毀滅性的實際行動，就是：一心想要討回公道。

這時候，可能還陷在失去感情、以及被辜負的傷感中，所以通常討公道的方式，都不會太理智。在此歸納近幾年身邊看過的實例、或是我輔導的個案，不外乎就是：希望對方賠償金錢、匿名散播不利對方的訊息或照片、毀滅他在朋友間的聲譽、擾亂他賴以維生的工作、破壞他正在進行的新戀情、傷害自己以圖對方為此愧疚……

看完上述的招數後，到底有哪幾項能真正奏效？認真想一想，根本沒有一個方法能幫你討回公道。

甚至我還聽過一件誇張的實例。過去交往的是一個財力非常雄厚的對象，事後以一輛車子、一幢房子，補償被辜負者所損失的青春。當事人其實沒有真正感到開心，甚至在享受這些物質的補償時，還帶有受辱的情緒。

只有極少數的人，在心有未甘的同時，為對方的誠懇彌補而心懷感恩。畢竟，能有這樣財力與器量的前任情人，真的是不多見。

通常最普遍會遇到的情況是，跟辜負你的情人討公道，就像是向一個已經信用破產的人要求還債，對方的反應通常只有下列這幾種：

1逃之夭夭。總是想盡辦法，避不見面！

2爭取寬限。一邊要求順延還債期間，同時一邊又向你借錢。

3反目怒嗆。不承認自己有錯；還說這一切都是你的責任。

老實說，上述的反應都對你的身心無益。不但浪費更多時間，還會惹你更傷心。被分手後，真正能討回公道的機率，微乎其微，賠了夫人又折兵，還會讓你進一步否定當初的眼光，怎麼會看上這個令人連回首都不堪的對象。

如果被分手後，因為受到的辜負太深，或是心有未甘，千方百計想向對方討回公道，這時，更應該要回頭來照顧自己的情緒。問問自己受困的癥結是什麼？根據心理學的研究，以下四種狀況，或許正是你想藉由討回公道來表達的情緒：

1不安：內心有極大的不安全感，並且對未來感到悲觀。你認為自己在這段感情中已經失去很多，包括：青春、金錢、信任等，可能以後再也遇不到更好的對象，所以才會困在這裡。

2偽裝：你其實是一個非常愛計較的正義魔人，只是在愛情面前，將自己偽裝成一個付出不求回報的慈善家。當你發現自己無法收支兩平時，就感到心慌，必須找對方出來好好算帳。

3自卑：你在日常生活中，常因為自卑而特別在意自尊。對你而言，被辜負感情，受傷的不是心，而是面子。唯有對方嘗到難堪的滋味，你才能扳回一城，讓心裡好過一些。

4求償：你有被害者心態，只要不如己意，都會認為是對方虧欠你。非得拿到一些補償，心理才能過得去。

不論你是以上哪一種情況，或許你已經在感情中受了重傷，不願再面對這些殘酷的事實，但人生的真相是：與其要花力氣討公道，不如把這些心思放在平靜自己的生活、或是追求新的感情上。

在你感到青春漸漸逝去，不能再平白繼續浪費生命的此刻，更應該保持內在的覺察，設定情感的停損點。如果被分手，歷經這個階段感情的谷底，請提醒自己：我該反轉方向，從底部往上走了。

所有感情被辜負的公道，都不是對方能償還得起的，只有你可以平反自己。

#所有感情被辜負的公道，都不是對方能償還得起的。

在愛情裡，
能讓對方念念不忘的，
往往不是付出了多少，
而是你在滿腔愛意中的節制。

05

什麼樣的人，值得愛？

具備同理心的伴侶，外遇的機會微乎其微。
絕不可能把自己的快樂，建築在對方深刻的痛苦上。

談戀愛，愈年輕的時候，愈有可能「以貌取人」。

這並不是要評論誰的戀愛態度膚淺，這是每個人對感情的直覺，多半還是要見到對方的樣貌，才會開始想像。憑第一眼的印象，初步判斷「這個人是不是我的菜？」

無論你在網路社交平台是否有尋找戀愛對象的意圖，應該都不難發現大多數的人都很在意自己的頭像，即使再平凡的人，也會想拍出網美等級的照片，再加上一點（或很多）的修圖技巧，讓自己看起來瞬間晉升帥哥美女，試圖讓別人賞心悅目。

而所謂的「以貌取人」，其實是很主觀的，高矮胖瘦猶如「青菜蘿蔔，各有所好」，沒有一定標準。

問題是，就算後來見過本人，透過外表容貌再怎麼精挑細選，誤判的機會也很高。原因之一：年紀尚輕，看人的眼光不準，原因之二：人總要經過實際相處，才知道對方的談吐、個性、興趣、價值觀，甚至是對親密關係的進展，是否與自己相契合。

若要綜合感情裡千萬種變因，到底「哪種人值得愛？」，以下歸納出三個關鍵特質，不妨可以參考一下：

1負責：這是最基本的人品。小到對自己負責，大到對別人負責。一個懂得負責的人，本身就很獨立，也值得信賴。

至於該從什麼地方來觀察出對方是不是一個負責的人？我通常都會留意，他是不是很愛抱怨，常把所有過錯推給別人，凡事都錯不在己，這顯然是不負責任的個性。

偏偏跟這種類型的人剛開始相處都是有趣的，你可以聽他怨天尤人，陪他同仇敵愾，好像全世界的人都對不起他一樣。等到成為情侶後，彼此之間愈來愈熟，他就會開始把人生的不如意怪罪於你。

一個負責的人，通常會很認份地把自己該做事情，主動在期限內完成。答應別人的事情，會盡量做到。若無法如期完成，也會提前說明、致歉，提出補救的方案，而不是不了了之地擺爛。

2 互動：彼此要有來有往。很多人問過我，愛情的付出，是「給愛」、還是「被愛」比較幸福？

這是個很可愛的傻問題，其實，它也有標準答案喔。

單方面的「給愛」、或「被愛」，都不會開心的。只要時間一長，久了之後，不斷「給愛」那一方會彈性疲乏；相對地，一直等著「被愛」那一方則會習以為常。當熱情褪去之後，彼此便開始不約而同地埋怨對方冷落自己。

單方面的「給愛」，很容易變成永無止境的「討好」；而一味地索求「被愛」，很快就會因為邊際報酬遞減，欲求不滿，逐漸淪為「討愛」，未能如願就開始耍賴。

彼此都會感到厭倦、痛苦。

兩人在一起，必須要彼此「相愛」才會幸福。也就是要有一定程度的互動、要有來有往。千萬不要以「個性比較被動」為藉口，遲遲不願意付出或回饋，以免扼殺了那份原本可以持續下去的甜蜜。

3同理：要能夠換位思考。既要有自己的主見，也要傾聽對方的意見。兩人未必對每件事都有共識，但至少要去理解對方為什麼跟我想的不一樣。

具備同理心的伴侶，外遇的機會微乎其微。因為他在追求自己快樂的同時，也會考慮到另一半的感受。絕不可能把自己的快樂，建築在對方深刻的痛苦上。能做到真正的同理，是最基本的體貼。否則所有的噓寒問暖，最終都只剩下虛情假意。

這就是我認為找對象時要優先觀察的三種特質。雖然外貌條件再好、收入學歷再高，但還是要找出這些特質，才值得真正投入感情。

問題是，你自己是否也具備這樣的條件呢？因為你必須先擁有這些好的特質，才能吸引跟你同樣頻率的人，前來與你相遇。

#先要擁有好的特質，才能吸引與你同樣頻率的人。

06

在愛裡，看見眞實的自己

不是所有的愛情在心碎之後，都會瓦解對於別人的信任。
即使碰到最「人渣」的對象，
你都有機會獲得最透徹的領悟。

有人說：「愛情，完整了自己。」這句話，只說對了一半。

每個人都是獨立的個體，不需要任何人的加入才能完整。如果你一直覺得現在的自己，並不完整，需要戀愛對象來拼湊目前欠缺的那個部分，期待因此而出現另一個完整的自己，這不但是自我否定，也會變得太依賴對方。

愛情，確實是一面鏡子，它會讓你看見更真實的自己。如果你在尚未踏入愛情領域之前，缺乏真實的人際互動經驗，或是常以虛矯的態度應付別人，一旦深深愛上一個人之後，你個性中所有的缺點，都會在這段關係中被凸顯出來。

甚至，你會感到陌生而驚訝，自問：「那是真正的我嗎？」「我怎麼會有這種個性、這種反應呢？」

一個平日對朋友大而化之、慷慨付出的人，陷入情網之後，很可能變得小心翼翼，計較小器。沒有情人的時候，心寬量大，任由來去，像是可以隨時顛倒置放的沙漏，任何心事總是進得來、也流得出去；但是，有了對象之後，眼裡就不容下任何一顆砂粒。尤其當愛情出現變數、或第三者的時候，在「佔有」與「成全」的抉擇之間，一個人最真實的品格，最容易「露餡」。

為什麼會這樣呢？那是因為我們在還沒有學會做真實的自己之前，就遇見了愛情。剛開始的時候，出自於對這份想像的美好，在不知所措的患得患失中，努力迎合對方。接著，進入了「磨合」階段，本意是要透過摸索試探了解彼此，但總是弄巧成拙地事跡敗露出最不堪的自己。

可能是從家庭教養中學來的本領，「以愛為名」的控制對方，成為每個人在初探愛情時練功的強項。「如果你愛我的話，你應該……」「我就是因為太愛你，才會……」這些典型的句子裡，都隱含著深深的不安。**表面上，是我們想抓住愛情、抓住對方；而真正的原因，是我們害怕失去自己。**

剛開始愛的時候，激情如騰雲駕霧，哪個重心不穩的人，還能持續武裝地展現最優雅的自己呢？於是，開始面目猙獰了。

但，這個過程，並非全然是負面的經驗。年輕的愛情，在搖搖欲墜的不安中跌跌撞撞，不斷想要獲得、繼而害怕失去，急於拾起、又戛然散落，最終會知道自己真正要的是什麼。後來，當你有機會碰到真命天子（女），他（她）最大的慷慨，是允許你在愛中做真正的自己。

就像《喜歡你》這部電影裡，男主角路晉（金城武飾演）的台詞：「我沒有辦法只喜歡你的優點，沒有辦法不喜歡你的缺點。」聽起來有點矛盾，但卻是一種真實而直白的表達。這時候的愛，已經返抵「見山是山、見山不是山、見山又是山」這句話的第三個層次了。你終於不必猜想對方要什麼，也不必任何掩飾武裝，能安心地做自己，也讓對方釋放與你相處的壓力。反之亦然，他的態度，也會跟你一樣。

或許有一天，彼此允諾終身廝守；或許有另一天，你們決定各奔東西。愛情的歷練，會讓你帶著期盼與祝福，而更趨成熟。

小情小愛，確實會凸顯個性裡所有的缺點，不安、猜疑、佔有、自私；但是只要通過了這一關，累積無數歷練之後，內心便會擁有大情大愛，反而會放大生命中所有的優點，穩定、信任、成全、無私。原來，愛情這面鏡子，也有大小之分。小鏡子，可看見更真實的自己；而大鏡子，則能帶領自己認識更寬廣的世界。

不是所有的愛情在心碎之後，都會瓦解對於別人的信任。即使碰到的是最「人渣」的對象，帶來最深刻的痛苦與傷痕，可是，你都有機會在此得到最透徹的領悟。即使傷心失望到最極致的時候，陪自己重新站起來的那一瞬間，還是可以看見最真實、也陪你最久的勇氣。

#每個人都是獨立的個體，無需任一人的加入才能完整。

07

價值觀，相不相同很重要嗎？

兩人價值觀差異大，未必就會被拆散。
或許，經過這個鍛鍊，提升愛的層次，
擴展雙方的人生視野。

有一對從大學時期就是「班對」的情侶，畢業後各自發展，男生自稱不愛讀書，直接就業，而女孩繼續念研究所。幾年之後，兩人都進入職場，漸漸走到可以論及婚嫁的年紀。

兩人在學時，就曾經面對雙方家長反對交往的難題，好不容易克服了那一關，以為這段感情已經是千山無阻、萬水難沒了，怎知從二十幾歲來到三十歲，愈來愈多的吵架、冷戰，讓彼此感到心灰。面對即將交往七年的這段關係，兩人都開始懷疑能不能繼續下去、或該不該好聚好散？

是女方先來找我做一對一的個人成長課程，諮詢感情方面的難題。後來，男生也願意獨自前來聽聽我的意見。幾次個別談話之後，他們竟都有共同的感慨：「難道我們是因為誤解而結合；因為了解而分手？」通常這種個案的癥結問題，既不是外貌、也不是個性，而是「價值觀」有很大的差異。若是外貌不相襯，當初不會看對眼；若是個性難相處，很難在一起忍了這麼多年。

唯有「價值觀」差異，才是拆散情侶的最大原因。這需要長時間的相處，才會漸漸發現問題，可一旦發現是這個問題，卻是最難解決的。剛開始相愛時，彼此不但遷就容忍，還會盡量表現出最好的那一面給對方看見；時間久了以後，就很容易因為「價值觀」不同，而忍不住要爭個水落石出、你錯我對。

舉一些生活日常的例子，看電影必選首輪戲院，而且一定要事先網路訂位購票；還是隨機想到再說，二輪戲院，一票兩片，也覺得無妨？

衣服、包包，是寧可好好存錢，買一、兩件高單價的精品撐場面；還是用同等金額，購買平價時尚七、八套替換？

吃美食，是路邊攤、夜市等日常銅板價，就覺得幸福美滿；還是必須五星級飯店的高檔自助餐，才是真心所嚮往？

以上例子就算有選擇上的差異，剛開始交往時，都只是微不足道的小事，但隨著時間與次數的積累，很容易變成像是身體裡的一顆小結石，阻塞在令你痛不欲生的管路，但對方卻一點感覺也沒有。除此之外，還能擴展至宗教的態度、政治的參與、人生的理念等，每一項都可能反映出價值觀的差異。

傳統的婚姻講究「門當戶對」，表面上是強調家世背景，其實隱含的意義就是：價值觀的差異。古代的生活環境，階級分明，貧富差距大，不同職業別過生活的方式就很不一樣。若在偶然機會接觸到，憑著外型吸引一見鍾情，就論及婚嫁，等到真正結合之後，很快就會發現彼此的生活習慣格格不入，雙方都會感到痛苦。

現代社會雖然開明，每個家庭的狀況依然差異頗大，而且比從前更容易誤解。過去社會明顯標籤化，只要稍微探聽對方的家長或職業，就能大概猜出該家庭的理念與文化；現在社會為求進化，去除標籤的同時，每個人的想法卻更加多元，在交往時看不清楚、也看不準對方真正的價值觀，誤踩地雷的頻率相對提高。

然而，是不是價值觀差異大，就一定會拆散伴侶呢？倒也不一定，還可能經過這個鍛鍊，提升彼此愛的層次，擴展雙方人生視野。關鍵就在於：自己是怎麼看待雙方之間價值觀的差異？

如果你發現彼此價值觀有差異，就只剩驚訝或失望，甚至帶著深深遺憾，無奈於兩人不同心、沒默契，你想盡一切努力去改變對方，這只會導致彼此關係漸行漸遠。反之，假使你的態度是開放的、反應是好奇的，心裡想著：「好特別喔，他居然是這樣認為的！我來仔細理解，也好好學習。」就可以化解危機。

只要肯願意放下積習已久的成見，將因對方與自己不一樣而產生的不安全感，以及進而出現的控制慾，改用同理取代對立，支持對方做自己，彼此都不再覺得委屈。在這個過程中，你的眼界將會更開闊，愛情的層次也會跟著提升到更幸福的境界。

#別盡一切努力改變對方，只會導致兩人關係漸行漸遠。

08

結婚很好，單身也不錯

一個人在感情狀態上的快樂與否，
並不取決於結婚、或單身。
而是無論結婚或單身，都是出於自己的選擇。

若考慮要結婚、或單身，三十歲前後，是個很不錯的決策時機。或許，未必要在這個時候做出不可動搖、或絕不改變的確切決定，但至少人生的方向，會從此漸漸明朗。往後你做的每個生涯的決定，都會比較有邏輯，也比較能說服自己。

常有三十歲左右的大女孩，來找我諮詢感情的問題。如果她這時候面對的是一段「食之無味；棄之可惜」的關係，我都會要她盡速考慮清楚，無論去留都不要拖延。因為，這將是決定往結婚、或是單身很重要的關鍵時機。

尤其是對女性來說，如果人生的規劃裡有「結婚生子」這個里程碑，三十歲前後，會是十分關鍵的年紀。以下我舉一個比較正向的實例來說明。

如果一個女生到了三十歲，發現眼前這個交往的對象並非可以共度終生的伴侶，就必須要在這個階段，趕快處理分手的事，讓這段感情得以善終。接著，以半年到一年的時間休息養生，看是否有機會結識到另一個可能會是結婚對象的男子；再透過一到兩年的交往，在相處中認識對方，進而決定共度一生，就有可能在三十五歲之前結婚，四十歲之前懷孕，生兒育女。

讓我們換個角度來看看沒有安排妥當的實例。一個明明很想結婚的女孩，在三十歲左右時，沒有認真處理眼前的感情問題。或許是不好意思主動提分手、也不想背上辜負感情的黑鍋，於是一再拖延這段沒有未來的感情，直到年近三十五歲，真的撐不下去才分手。這時候，能夠再找到理想對象的挑選範圍、和成功機率，相對都比較低。最常聽見的感慨是：「為什麼到了這個年齡，好的男人都結婚了！剩下的，都是被別人挑剩的。」

儘管這是一種很普遍的推測，未必是一個事實。就算這個時候，遇到一個被別人挑剩的男子，卻正好是妳心中的白馬王子，從認識、相處、理解，到決定結婚，但妳的年紀也快接近四十了，名符其實地成為一個「高齡產婦」，徒增生兒育女的風險。

甚至，還有一個更不理想的狀況，就是明明有結婚的期待與渴望，但就這樣陰錯陽差地，沒有再碰到自己真心喜歡的對象，因而被動地成為單身一族。

無論你是男性或女性，若到了將近四十歲，才「被動地」成為單身，跟那些三十歲的時候，就「主動地」決定自己要單身的人，因為心態不同，處境也就大異其趣。

來到大齡以後，才「被動地」成為單身的人，面對獨自過活的人生，難免會有一些不知所措的惶恐、近似懷才不遇而遇人不淑的感嘆，甚至，還會對前任情人耽誤自己的青春而滿懷抱怨。

反觀三十來歲，**就「主動地」決定自己要單身的人，在收入理財的規劃、人際交友的準備、身心健康的鍛鍊，比較有機會讓自己站在積極掌控人生的位置上。**

能在規劃之內的結婚，很好。你可以跟自己所選擇的人生伴侶，組成家庭，共度一生。不論是否養兒育女，都是可以彼此相伴。

主動選擇單身，也沒有不好。只要不會成為家人和社會的負累，能夠自己照顧生活起居，擁有財富自主的能力，甚至還因為沒有家累，有餘力照顧其他親友，甚至把愛和金錢，布施給社會上需要這些資源、但彼此陌生的對象。

即使在年輕時主動選擇結婚，人生最後終必是剩下一個人，不妨先擁有獨自生活的能力，也能接受和別人共同過日子的心理準備。這是你在二、三十歲時，就可以認真來思考的課題。更何況，一個人在感情狀態上的快樂與否，並不是取決於結婚、或單身。而是無論結婚、或單身，都是出於自己的選擇，而且都有能力讓自己因為獨立而自由。

即便是和年輕時所規劃的狀態不同，例如：本來想結婚的人，後來變成單身；本來想要單身的人，後來結婚了。只要認真去體驗這些變化的過程，並接納最後的結果，讓自己活在最理想、也做好最佳準備的狀態，都將是很幸福的人生。

#只要認真體驗這些變化，並接納最後的結果，讓自己活在最理想的狀態。

Part 7

未來

與自我對話

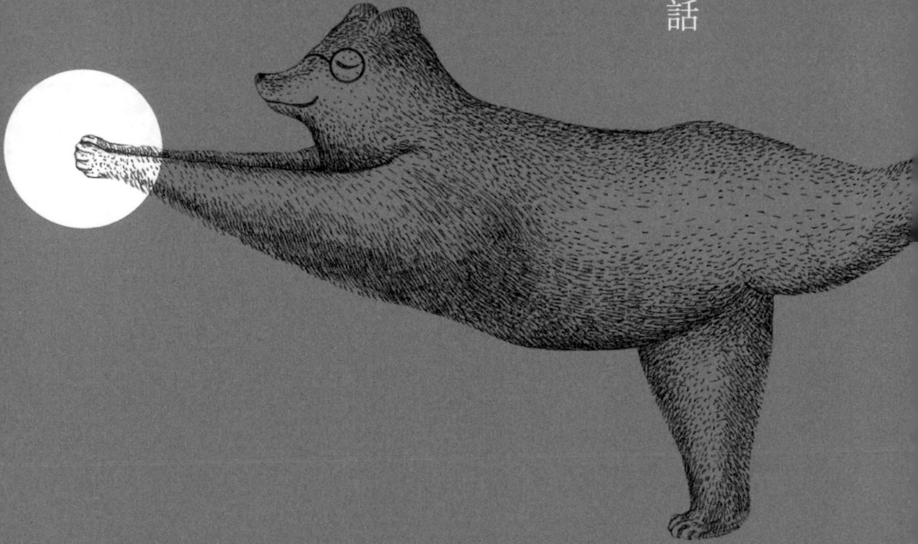

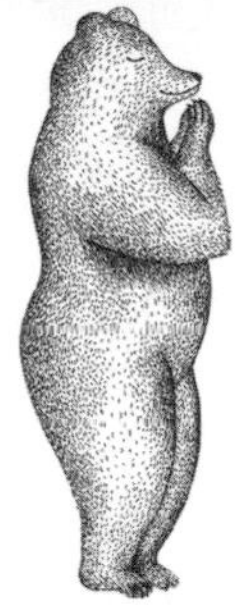

即將抵達埋著寶藏的城鎮，大約只剩十公里的路段，你發現藏寶圖被大雨淋濕，最終這一段路徑完全模糊了，你會怎麼做？

- ◯ A. 盡量以日照曬乾，以墨跡拼湊辨識。
- ◯ B. 既然沒地圖了，就靠自己摸索前往吧。
- ◯ C. 等到城鎮後請年長的居民幫忙帶路。
- ◯ D. 深信自己會有好運，能夠憑直覺抵達。
- ◯ E. 調整編排 2-3 條路線逐一嘗試看看。

題目完成度
★★★★★★★

01

不借錢給別人
但可以貸款給自己

因爲一時同情而借錢給別人，往往人財兩失，
錢要不回來，關係也破壞了。
假如你有一個完整的計畫，需要資金才能完成，
則值得用貸款的方式幫自己圓夢。

如果可能的話，請及早建立正確的借貸觀念：絕對不要借錢給別人；但是，若有具體的實現夢想計畫，不妨貸款給自己吧。

當你有錢時，與其把錢借給那些「吃定你是好人，不還也不會內疚」的對象，倒不如把這筆錢捐出來做公益，提供給那些真正需要幫助的人。

若是你手頭沒錢，但有很具體的夢想，需要一筆錢來執行計畫，不妨透過正式的貸款方式，向銀行借錢、或透過群眾募資，籌措這筆可以幫助你圓夢的基金。就算你必須為此而承擔財務的風險，但至少你可以掌握這筆錢來去的主導權。

相對地，把錢借給別人，對方是否能依約如期還錢，就不是你能控制的了。屆時，他借錢不還，等到你需要用錢時，想把屬於你的錢要回來，簡直比登天還難。

你明明是債權人，還得卑躬屈膝，懇求對方還錢，卻怎麼也無法如願。有時候是自己不好意思開口討債，有時候是對方刻意賴帳。總之，那筆錢就在你答應出借的同時，猶如那句俗語：「肉包子打狗，有去無回了。」

年紀還小時，就被長輩勸戒：千萬不要借錢給別人。但從「知道」到真正能完全「做到」，還是花了將近數十年的時間。即使我已經勇敢地以「鐵石心腸」拒絕過很多次；但依然還是有幾次「一時心軟」失手的紀錄。而且，還認知到一個慘烈的事實：無論金額大小，那些借出去的錢，對方從來就沒有歸還過。

如果你比我幸運，遇過「有借有還」的經驗，真的要感謝對方是個講信用的人。不過，有些借錢的手法卻有著詐騙的本質，是該要小心的：前幾次都先借點小錢，如期歸還，刻意製造出有借有還的假象，鬆懈你的警戒心，接著會借一筆超大金額，然後就有去無回了。累積了幾次「借錢給別人，卻永遠等不到對方還錢」的刻骨銘心之痛，不但錢財沒有了，連朋友都做不成，「人財兩失」後，我終於懂得如何拒絕借錢。也會衡量對方真正的需求，以及自己的能力，便免除了這項尷尬與痛苦，一旦碰到有人找上門借錢，就直接告訴對方之前的慘痛經驗，讓他知難而退。

碰到真正需要幫助、及值得幫助的對象，我會量力而為地主動提供部分金援，表面上說是借錢給對方、心中其實已經沒有期待對方會還錢。很有意思的是，反而是這種狀況下出借的錢，對方都很珍惜感恩。

除了上述的特殊狀況外，與人有金錢往來，是件麻煩事，能免則免。你可以平日在親友間主動塑造「我不借錢給人」的形象，不要讓缺錢的人在浮現借錢的念頭時，第一個就想到你，也可以避免經常被糾纏。

根據我的觀察，喜歡跟親友調頭寸的人，通常都會找「看起來老實、和善、好欺負的人」下手，這絕對是個貶抑之詞，不要以為對方真的是看重你、或很珍惜你們之間的關係，才跟你開口。你只要想到來借錢（又打從心裡不想還錢）的人，根本是故意占你便宜的，就比較能夠拒絕對方了。

換個立場，當你有一個完整的計畫，需要資金才能完成，值得用貸款的方式幫自己圓夢。只要過去你在金融機關的信用，沒有不良紀錄，或是有足夠的資產可以抵押或融資，就可以透過貸款來完成計畫。

萬一因為某些原因，無法透過正式管道向金融機構貸款，要向親友開口借錢，或是透過群眾募資張羅資金，必須做好完整的提案，以及具體的還款計畫，包括時間與利息的安排，讓對方可以理性地考慮，也會被你的真誠與努力感動。

有具體還款計畫的借貸，並不可恥，你有的是熱情與能力，只是暫時缺錢而已；反而是那些故意裝可憐，看準對親友比較好下手，而借錢不還的人，比詐騙集團更惡劣。那才是真正的可恥啊。

真有資金需求時，你可以化身為對自己夢想具有極大熱情的推銷員，做一套專業的簡報資料，把你需要借貸金錢的專案，當作一個很有潛力的「投資計畫」，讓別人樂見其成，願意積極參與，而你也承諾會負起全部的責任，就有機會成功貸款給自己。

#正確的借貸觀念：不要借錢給別人。

02

堅持原則，也保有彈性

在原則之下，必須設定一個抵死不從的底線，
這個底線不需要對別人亮牌，只要自己知道就好。
於是，在「原則」和「底線」之間，就是你的「彈性」。

原則，是溝通的標籤，也是互動的框架。**為人處世，適度把握原則，可以讓別人認識你的價值觀，也懂得尊重你，進而形塑出個人獨特的風格。**

但若原則太多、態度太硬，容易讓對方覺得你「毛很多」「難相處」，甚至還留下「自我中心」「自以為是」「不替別人著想」等負面印象。比較好的相處方式是：既堅持原則，但也要保有彈性。

問題是這個觀點比較抽象，也難有具體的標準。因此，你必須多花點時間，跟自己對話，藉此擬訂幾個非常必要的原則。也要在跟別人互動相處時，明確而客氣地表現出你的原則。然而，更重要的是：在原則之下，必須設定一個抵死不從的底線，這個底線不需要對別人亮牌，只要自己知道就好。於是，在「原則」和「底線」之間，就是你的「彈性」。

例如，你可以容許別人在不知情的狀況下，戲稱你不喜歡的外號，但當你正式告訴對方，你所介意的點是什麼，就不允許他再度失禮；這，是你的原則。倘若對方真的是一時忘記了、或是其他無心之過，再度踩到誤區，你願意再原諒最後一次；這，就是你的最後底線。一旦超過這個底線，就沒有商量餘地，立刻不再與對方有任何互動往來。

在此選用一個比較無傷大雅的例子。就拿我個人的實際經驗來說，在年紀輕、還不夠圓融的時候，我很討厭別人遲到。只要對方比約定的時間晚十五分鐘抵達，第一次我會很客氣跟對方講；若下一次依舊遲到，絕對二話不說翻臉走人。

現在回想起來，當年還真的是「年輕氣盛」。固然守時是很重要觀念；但不妨聽聽對方遲到的原因，連「累犯」可能都是一種值得同情的苦衷。

至於下次「要不要繼續苦等他」，或是「包容他愛遲到個性，自己找點事情做，邊做邊等」就是考驗自己的耐性與智慧。至少先讓對方知道自己的原則，總是能有助於彼此溝通。

回想起來，二、三十歲時的我，對「原則」的看法，大概也僅止於此。能夠自己擬訂、並與人溝通原則，已經是很有勇氣的做法。加上設了底線，就可以讓自己繼續做好人，卻不至於為了討好別人，而變成一個濫好人。

直到中年以後，經歷更多事、遇見夠多人，慢慢發現還有另一種人，特別強調高道德標準，做人處事很硬派、原則性非常強，若觸犯到他的原則，簡直就是滔天大罪，不容苟活。總是拿這些標準挑剔別人，幾乎沒有任何轉圜的餘地，在別人的犯錯中，印證自己的優秀。

表面上，他律己甚嚴，所以對別人期待很高，但我私下發現，通常這樣的人內心往往有黑暗面。可能是內在有一個極度軟弱或十分恐懼的黑洞，才會在外表武裝成道貌岸然的樣子。或許，他在某些行為規範上，真的會符合、甚至超過常規，但也會有一個被自己隱藏起來的秘密，那其實是令他很自卑的弱點。

如果你在生活中、或工作上，碰到一個這樣「毛很多」的人，千萬不要跟他拼命「硬幹」，這種人通常內心都有很嚴重的自卑感，在人際關係的策略上多數是「吃軟不吃硬」，只要善用「以退為進」的策略，通常會有不錯的效果。

再換個角度，假使你正好是這樣的人，連自己都不否認有多麼的頑固，明明知道這樣會吃虧，但始終就是改不掉這個習性，堅持原則卻毫無彈性可言。人生中多次的「硬碰硬」，已經讓你飽嚐苦頭，該怎麼辦呢？

這時候，我就要再重述一次：過度堅持原則的人，內在都有一個最黑暗面的軟弱，試著把它找出來吧，重新辨識一次，並且問自己：「我究竟在怕什麼呢？」或反過來探討自己是否有自尊上的問題呢？

無論自處或相處，心中有所秉持的原則，是一個自我行為的依據，但保持與別人溝通的彈性，才能真正做到同理。若做不到這個彈性，不妨回過頭來反求諸己。

#設了底線，就可以讓自己繼續做好人，卻不會變成一個濫好人。

03

不被媒體綁架，擁有思辨力

要和媒體保持理性的安全距離，也要多接觸不同的媒體，
蒐集多種資訊，破解媒體主觀的立場，
才有機會撥開操弄媒體的手，看見事實的眞相。

這是媒體多元發展的時代。傳統媒體雖不如往日風光，卻依然擁有很大的影響力；新媒體如雨後春筍冒出，但真正可以獲利、並長久經營下去的，還有待觀察。

有趣的是，這兩種勢力既可能此消彼長、也有機會共榮共存、或也存在互相拖累的風險。倒是閱聽大眾身處快速變化的媒體環境，因為本身就是最直接的廣告受眾，而無法置身事外。

當「新聞類媒體充斥假新聞」、「非新聞類媒體都在帶風向」時，我們每天接觸到無數真真假假、虛虛實實的資訊，究竟該如何自處呢？

我的經驗可以說是幸、也是不幸，有機會跨世代（從傳統媒體到新媒體）、跨平台（實體、電子、網路）、跨角色（兼具媒體人與閱聽者），隨著時光穿越媒體的繁華與落寞、新聞的箝制與自由，恍然發現閱聽這件事，比從前豐富多元，而我們並沒有因此變得更有智慧、更快樂。

就拿出版市場來說吧，我經歷過一本暢銷書可以累計銷售到幾十萬本、甚至百萬本的年代，也正處在出版蕭條的環境。從前寫一篇短文投稿給報刊、雜誌，要經過重重審稿關卡，等待幾個星期、甚至數個月，才能發表，受眾僅限於紙媒印製的銷售對象；而今任何對文字寫作或影音報導有興趣的人，光憑一支手機就可以將作品上傳曝光，並有機會觸及千萬以上的大眾。

所有的資訊與內容，看似可以不受管控與篩選，無遠弗屆地傳播，像是自由創作的風氣下，卻埋藏網路社群平台對演算法的設計，讓閱聽大眾以為是自主性的選擇，其實無論創作者或閱聽人，都在被很多雙無形的手操控，甚至比從前更粗暴、更草率，卻更不露痕跡。

很多專家提倡媒體素養，強調「你怎麼看媒體，就會變成怎樣的人」「不要被媒體牽著鼻子走」，多半是鼓勵你在面對媒體多元發展的時代，擁有獨立思辨的能力，才不會持續複製「年輕人被網軍帶風向不辨是非」「中年人被置入行銷節目誤導消費決策」「老年人聽地下電台買來路不明的藥品」的媒體亂象。

這些觀念要怎麼落實在生活中，才能培養自己在面對媒體時仍具備獨立思辨能力呢？以下有四個提醒，提供你參考：

1和媒體保持距離：就像維護視力般，你的頭腦要和媒體保持理性的安全距離。尤其媒體為吸引閱聽大眾，常刻意設計危言聳聽的標題或題材，你要逐漸對這些刺激培養「思考中毒的免疫力」，常常提醒自己：「這有可能是不客觀的、偏頗的、造假的。」才不會對假新聞、或置入行銷的內容深信不疑。

2多看不同的媒體：由於經營獲利不易，大部分媒體背後都有特定的政黨或財團介入，很少有真正獨立客觀的媒體觀點，因此要多接觸不同的媒體，蒐集多種資訊，破解媒體主觀的立場，才有機會撥開操弄媒體的手，看見事實的真相。

3節制閱聽的時間：避免過度沉迷於媒體而影響正常生活的最佳對策，就是妥善規劃閱聽的時間，至少在陪伴家人的時刻把手機放下、或是每天給自己一段完全放空的時間。

4慎選閱聽的載具：基於「上網吃到飽」的優惠方案，大家過度依賴使用手機或電腦來接觸不同媒體，卻也因為介面設計的特性，導致閱聽與思考都變得碎片化。其實閱讀紙本的書籍，不但會刺激大腦不同的部位，也有助於邏輯與想像的整理，針對不同的閱聽需求，慎選適當的載具，將會讓你在閱聽之後，變得更有智慧。

閱聽媒體，存在很深遠的因果關係。現在你如何閱聽，將來就會成為什麼樣的人。媒體提供的，不只是資訊，更是價值觀。你不積極主控它，它就悄悄綁架你。

民主自由最可貴的是，媒體可以有獨立發揮的空間；但，如果媒體背後都是由政商操控，民主自由就只剩下空殼，就像沒有自己的靈魂，只剩空洞的肉體。既不真實，也失去意義。

#請把自己的腦袋與媒體保持理性的安全距離。

04

困惑時，記得初衷

《華嚴經》中的這一句話：「不忘初心，方得始終。」
不但是鍛鍊心智時，對自己最好的提醒；
也是要你隨時把目標重新拿出來檢視一遍。

你有沒有過以下經驗？計畫好久的旅行，既期待又興奮，好不容易終於出發之後，卻碰到難以意料的交通狀況、或同行旅伴的情緒問題，導致還沒抵達目的地就開始心灰意冷，甚至進退兩難，若不是機票、飯店費用已經花下，真的會萌生「這趟旅程還要繼續走下去嗎？」的困惑念頭。

或是，正想著要買個休閒時外出用的包包，在網路上多次搜尋相關資訊，也看到幾個喜歡的款式，為避免被過度精美設計的圖文誘導，還慎重地利用假日到商場實體店面選購，正好碰到百貨公司周年慶，各家廠商相繼祭出誘人的優惠折扣，面對琳瑯滿目的商品，著實刺激到你的「選擇性障礙」，耗了兩小時到幾家專櫃店面參觀比較，來回考慮各種因素，實在難以下決定，最後……竟空手而返。

還是，和一見鍾情的對象交往兩、三年，感情穩定到論及婚嫁，才發現雙方家長對這門親事有意見，究竟要不要繼續下去呢？

人生常是如此，一開始興致勃勃、處心積慮，中間碰到突發的變數、或是很棘手的困難，就會困惑著是否要繼續下去？是否能「有志者，事竟成」，往往就在這時候的一念之間。

要正式踏入社會工作之前，我曾經為了選擇就業方向，特地回到學校向師長請益，確認要以科技業的行銷部門，作為最主要的求職目標。過程雖然千辛萬苦，但總算是如願以償。

實際進入科技公司的行銷部門，蜜月期過後，發現像我這樣念企業管理的背景，對電腦的專業知識嚴重不足。主管指派很多相關電腦、資訊、科技、甚至還有醫學應用方面的書籍，要我利用工作之餘的時間閱讀，即便我很有意願學習、也肯花時間，但遇到撞牆期時，還是感到痛不欲生。

所幸，每當有困惑的時候，我就會提醒自己：莫忘初衷。想想當初求職時，對科技行業是多麼地躍躍欲試，不能在這個時候打退堂鼓。就算要重新擬定職涯方向，也不會是在這個時候，都已經進入寶山，就不能空手而返，至少要先把功夫練好再說！

困惑時，記得初衷！《華嚴經》中的這一句話：「不忘初心，方得始終。」不但是鍛鍊心智時，對自己最好的提醒；也是要你隨時把目標重新檢視一遍。看看是環境已經改變到讓目標窒礙難行，需要重新修訂；還是自己的毅力不夠、方法不對，導致沒有如願繼續往前進。

一般人常見的最大問題是：初心易得，始終難守。**當你開始疑惑自己當初的決定是否正確時，不妨認真傾聽內心的聲音，仔細回想最初的起心動念，看它是不是足夠強大到可以支撐你度過坎坷的過程。**

有時候，並不是目標有問題，而是我們開始付出努力之前，低估了過程中的變因與辛苦，唯有加倍地投入心血，用更大的耐性去對應，才能柳暗花明。

在這個階段，你肯定也聽過「山不轉，路轉」，勢必需要去調整策略與方法，但更重要的是：轉念。不要讓自己坐困在疑惑或挫折中。試著換個角度想想：**每一個質疑，都是要讓自己更堅定。每一次挫折，都隱藏著讓自己更好的禮物。**

想要度過難關，就不能輕言放棄。人性中始終躲藏著一個心魔：「放棄，比努力容易！」尤其在困惑的時候，更容易因為氣餒而出現放棄的念頭。然而，如果堅持繼續下去，最後卻未能達成目標，豈不是浪費更多？

這確實是個兩難。如果在中途，就要以最後的結果論斷成敗，那都是猜想、也都有風險。困惑，究竟只是個「休息的頓號」、或是「停損的句點」，最終要看的，還是初心！

當初，為什麼會這麼想？為什麼決定用這種方式做？既要回想一路走來的過程，也要眺望十年後的光景——你所想要創造的價值，是否依然可以為別人帶來利益？當你徬徨不知所措的時候，這個問題的答案，或許可以為你帶來力量。

#轉念，是不要讓自己坐困在疑惑或挫折中。

05

成爲被記得的人

若要在別人心目中留下深刻的印象，也就是讓對方記得你。
想要有好的口碑，至少需要以下三個條件：
1.一致性；2.獨特性；3.利他性。而且缺一不可。

人生，在不同階段、或不同場域，總會有一些或深或淺的人際關係連結，有可能只見過這一次面，從此就各自江湖了。但，你有沒有想過，在擦身而過之後，對方會把你忘得一乾二淨、還是留下深刻的印象呢？

印象，可能有好有壞；比較重要的是你留在別人心中的印象，跟你對自己的認知，是否接近？例如，你還記得小學或中學的同窗嗎？如果有一天，聽見他在別人面前提起你，描述內容跟你自己回想到的，會是同一個形象嗎？

之所以提出這個思考觀點，並不是要你利用最短的時間去取悅別人，在對方心中留下一個不得了的好印象，而是要跟你分享：人際關係裡，有所謂的「口碑」這件事。

問題是：我們留給別人的印象是「有口皆碑」，抑或是「有口皆『卑』」？若一面倒全是毫無印象、或幾乎負面的評論，表示自己身處在那個階段、或那個場域裡，沒有深刻地活出自己。

若想要在別人心目中留下深刻的印象，也就是讓對方記得你。想要有好的口碑，至少需要以下三個條件：**1一致性**；**2獨特性**；**3利他性**。而且，缺一不可。

或許你會說：我要為自己而活，不需要在意別人的評價。但是，你知道嗎？當我們年紀漸長，來自別人很自我的、或意見很分歧的評價，真的不太重要；若別人對你的評價是很集體的、很共通的，這代表在那個階段、或那個場域裡，從別人眼中看到的，是一個很真實的、活生生的你。

如果這些意見，跟自己的觀察很接近，無論是好是壞，都是很棒的自我覺察。假使別人的看法，跟自己的認知天差地遠，表示認識自我的程度不夠，你可能活在自我想像的世界裡，那只是二分之一的你而已。因為在真實的世界裡，還會有另一個你——也就是別人所看見的你。這就是剛剛提到的三個條件中的第一點：一致性。在《深度洞察力》書中提到，真正的認識自己，應該含括兩個面向：「自己內在的觀點」，和「來自別人外在的觀點」。

它們可以不是很相近、也可能會有誤差，但應該不是完全相反的兩種印象。例如：你覺得自己待人很慷慨，但別人卻都覺得你十分小器；又如，你覺得自己是一個兢兢業業、謹慎細心的人，但在別人眼底，你其實過於大而化之，不夠細膩。這種過於兩極化的印象，不但會是內在的你與外部世界溝通的困擾，也會在人際相處時製造不必要的衝突。

接下來，看看第二點：獨特性。這可能是服飾裝扮或外顯行為的特質，讓別人留下深刻印象。或許可以想像演藝界的偶像明星，儘管經紀公司都會為他們形塑出一個很特殊的造型，但最後能在市場決勝負的，還是他的表演能力。

一般人或許並不需要過於特殊的造型，但至少在穿著和言行上，有一個令人過目難忘的獨特風格。此外，還要重視內在的氣質或想法，讓它可以自然散發出與眾不同、卻又不是過於離經叛道的神采。

最後來聊聊第三點：利他性。前面提到的兩點，自己內外的一致性、與眾不同的獨特性，確實能夠讓人被記得，但這印象是正面或負面，就取決於第三點。如果你把自身的價值，發揮在別人可以利用的地方，也就是所謂的「利他」，那麼別人對你的記憶點，就比較會是正向的。

反之，自己的特質或價值若沒有幫助到任何人，只是獨善其身，那麼，別人對你的印象也就停留在沒有特別意義的標籤。甚至，你還會獲得一個自私自利的形象，即使你可以不在意這些評價，但它就是你的一部分，必須學習接納它。

綜合前面三點的觀念分享，並不是要提醒你如何讓自己成為一個被記得的人，殘酷的真相是：**無論你願不願意、或努不努力，都會被別人用不同的方式記得，但如果你可以保持這份覺知，謹言慎行，除了被記得之外，還有可能被信任、甚至被託付，這更具意義非凡啊。**

＃若是活得令人毫無印象，表示沒有深刻地活出自己。

06

與財富做朋友

在開始賺錢之前，就先建立正確的理財觀念，
對累積財富會有很大的幫助。
假使不知道如何理財，不妨就交給真正的金融專家，
前提是：對方值得信任。

多數人並不真正認識金錢的意義與價值，甚至產生內在的自我矛盾，在意識層面上渴望財富，卻在潛意識裡不相信自己值得擁有豐盈的人生。而這樣的不協調，就有可能離「有錢人」的身分愈來愈遠，即使努力地賺錢，卻始終還是處在「錢不夠用」的狀態。因此，趁著年輕，在真正學會創造財富之前，必須先懂得和財富做朋友，讓自己和金錢建立友善且良好的關係，彼此共存共榮，才能賺取金錢，進而累積財富。

很多人寫的自傳內容，都是從「我出身自小康家庭」出發，但因為身處的世代不同，所謂「小康」的客觀定義和主觀條件其實還是差異頗大。

在我小時候，整體經濟環境很差，物質條件匱乏，連三餐都未必真正溫飽，但還是擁有相當程度的幸福感。在這樣的成長過程中，我對財富的態度是充滿尊敬與仰慕。從童年到青少年，接觸過許多比我們家有錢太多的親友。其中一部分有錢人，因為財富而享受榮華；也有一部分有錢人，大起大落，從暴發戶到跑路；還有一些有錢人，因為財產分配或價值差異，而成天吵鬧不休。

因此，我從小就明白：擁有更多的金錢，確實可以改善物質生活，但不一定擁有更多的快樂，其中的差異就在於你如何看待金錢、以及使用金錢。上高中以後，我十分積極打工，到大學畢業，已經存了一筆積蓄。入伍服役前，便把這筆積蓄交給母親，作為家用。一來希望她不要再為金錢煩惱，二來是希望她可以從此對我放心。

直到三十歲，看到專業雜誌寫的正確理財觀念：「收入－儲蓄＝開支」，而不是「收入－開支＝儲蓄」時，很多同儕還百思不解其中的意義，而我早已這麼做了。之前也曾在理財路上誤入歧途，對股市並不真正瞭解而冒然投資，損失不少金錢。記取教訓後，我得到兩個理財原則：

1慎選標的：只買自己熟悉的公司股票，確認它的體質與營運才投資。

2嚴守紀律：設定「停損點」與「停利點」，絕不過度恐慌與戀棧。

後來，隨著年紀與存款增加，能夠選擇的投資工具愈來愈多元，還滿慶幸自己年輕時曾經短暫投資失利，才能學會如何與財富做朋友，彼此相知相惜，友誼長存。

我不是投資大師，也不是家財萬貫的富翁，收入跟同輩份的上班族朋友差不多，但截至目前為止，日常所需的金錢都還算夠用。更重要的是，能夠在即使不是很有錢的情況下，對財富有足夠的安全感。因此，想要分享以下三個「如何和財富做朋友」的觀念，希望能幫助你與財富建立和諧的互動關係：

1金錢是中性的工具：金錢，不是萬能，但也不是罪惡。金錢的價值，端賴於你怎麼使用它。你把金錢投入於正向的用途，它就會帶來正向的結果。你若愈是恐懼金錢、憎惡金錢，也就會被帶往負面的方向。

2學習理財或是交給專業：很會賺錢，未必懂得理財。如果你能在開始賺錢之前，就先建立正確的理財觀念，對累積財富會有很大的幫助。假使你一直搞不清楚該如何理財，不妨就交給真正的金融專家，前提是：對方值得信任。

當今的媒體圈、銀行金融界，充斥很多「理財專家」。你只要有點存款，銀行也會指派一位「理專（理財專員）」前來服務。但以上這兩種人士，職銜上雖然都有個「專」字，未必值得信賴。請務必要慎選具備一定證照、有實際理財績效、擁有潛力或資歷的人士來提供協助，而自己也必須要做點功課，並克服內在貪婪與恐懼的心魔，才能有機會靠理財致富。

3以豐盈的心態面對金錢：無論獲取、或付出金錢，都不要有匱乏的心態。你要相信自己可以憑能力與創意賺取正當金錢，也要相信把錢用在需要的地方，它除了會為你帶來滿足，也會帶回更多的財富。錢，是愈賺愈多、也會愈用愈多的。

除非你是含著金湯匙出生，否則所有的財富都是積少成多、聚沙成塔。要認真賺錢，也要學習理財。培養記帳的習慣，是很重要的第一步。若真心地想要與財富做朋友，就要開始記錄它的容貌、以及到訪的次數，所有的來往進出，只要你知道它是怎麼來的、去到哪裡，就會讓你們關係更好，你也會對自己更有信心。

#金錢不是萬能，但也絕非罪惡。

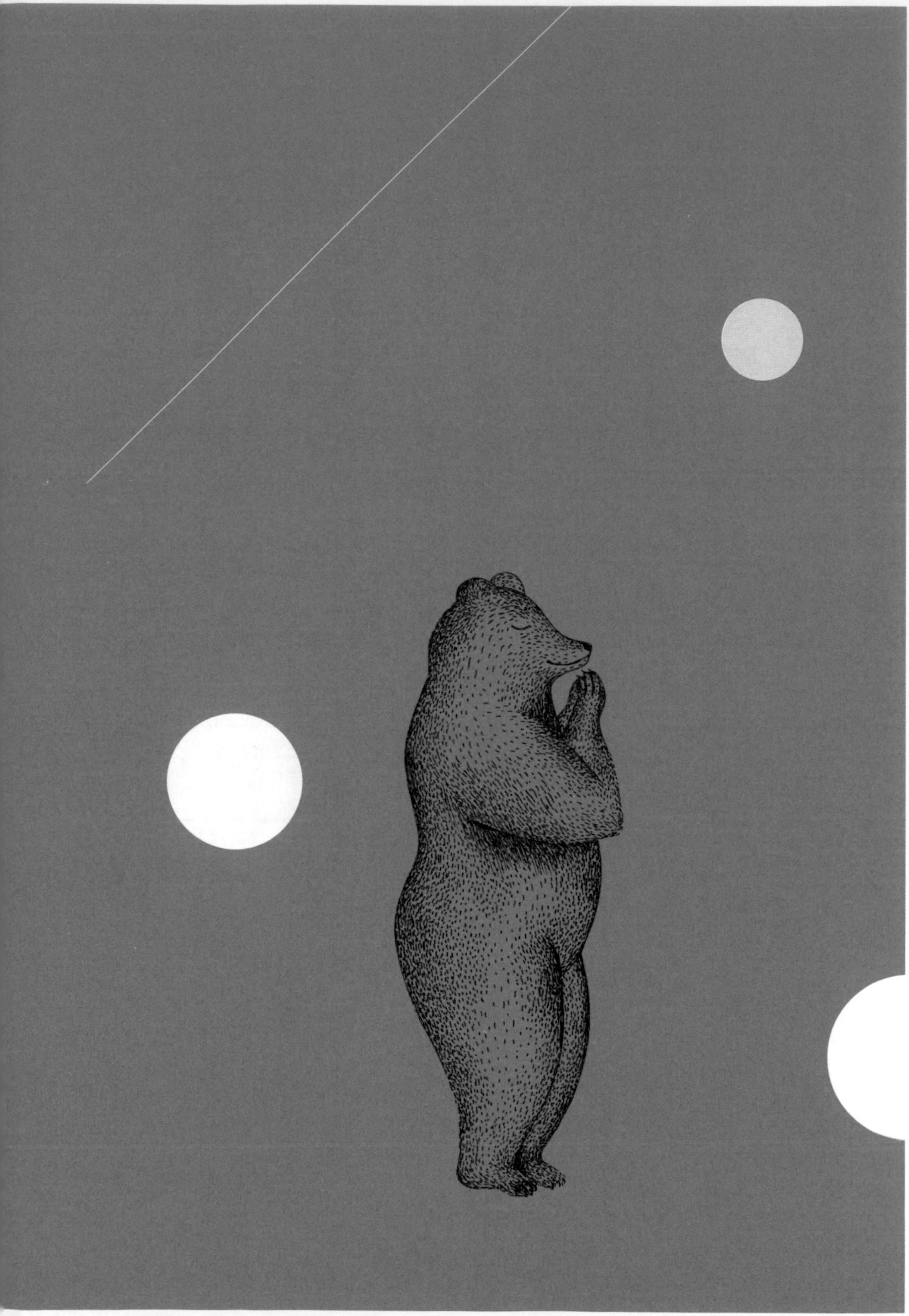

人生確實無法完全按照規劃前行，
但你可以決定在何處轉彎。
從偏離航道的紀錄，
留下曾經認真取捨的心情，
這比是否達到原訂的目標更爲重要。

07

購買保險前
先勾勒十年份的人生藍圖

若只是爲了欠缺安全感而買保險，買完後會更沒安全感。
這種人需要的是妥善的人生規劃，
唯有確定自己已往具體的目標前進，才能放心。

購買保險產品，不只是獲得心理安慰或實質的保障，更是做好人生規劃的必要工具。如果可以預先勾勒未來可能的生活型態，就比較能買到真正適合自己的保障。甚至，也能反映出自身很內在的真正價值觀。

由於金融發達，有些家庭的父母很懂得理財規劃，未雨綢繆地幫子女買了一些基本型的保險。也有另一種狀況則是才剛開始工作，就被從事保險相關行業的親友勸說而購買保險，但是不是真的適合未來的需要呢？可能要等時候到了才知道。

以我個人的例子來說，父母並未幫我購買保險，而是二十幾歲踏入職場開始，就有親友主動上門推銷，當時買的多半是基本的壽險。等到十幾年過去，來到坐三望四的年紀，重新檢查手邊的保單，才發現並不符合實際需求。

這些基本型的壽險保單，多數著重於身故後的理賠。對於擔負家庭主要經濟責任的青壯年來說，確實有其必要。萬一碰到人生不能預期的事情，可以留給家人生活的部分保障。

可是，對於確認往後未來將是單身的人，活到「上無父母需要奉養、下無子女必須照顧」的人生階段，若選擇在身故後才能給付的壽險保單，就沒有太多用途。若是這種人生型態，就需要長照、殘扶、醫療、意外的保險，才能保障未來的生活品質。

最近幾年還有很多儲蓄型的保險產品，結合「儲蓄」與「壽險」，雖然政策面已經決定停售這類型保單，但在此之前，我還是常聽見周遭朋友買了之後，感到悔不當初，問題不在於產品項目上，而是繳費期間很長。當初購買時若沒有想清楚，等到開始繳費了，才發現要這樣長期抗戰（往往是二十年期），便開始懷疑：利息未必能真正追得上通貨膨脹？有沒有算到其他投資的機會成本？但，已後悔莫及。

在此以一位三十五歲男性的諮詢個案為例，他一時衝動買下儲蓄型的保險產品，剛繳完第一年的保費，就開始強烈質疑自己當初的決定。

他買的是所謂結合「失能保障＋身故保障＋儲蓄」的三合一利率變動型終身壽險，保障項目包括：失能與身故，看起來是有點用處的，問題是若沒有仔細精算過利率變動可能的風險，以及往後的每年，而且是連續十九年，都必須有足夠的預算繳出當年的保費，否則就很容易後悔當初的決定。

類似的個案不計其數，問題都不是出在保險本身，而是購買保險的當事人，沒有仔細確認保單內容，也沒有為自己規劃未來十年的人生藍圖，所以才會搖擺不定。

我也看過很多案例，因為後悔，就去解約、或是調整金額；可是，等將來需要用到保障時，就會再後悔一次。

若純粹只是為了欠缺安全感而盲目地購買保險，買完之後會更沒安全感。因為這種個性的人，很難因為擁有物質的保障，就會感到真正的心安。無形的安全感，是一個永遠填不滿的無底洞，再多金錢還是會恐慌。他需要的是更妥善的人生規劃，唯有確定自己已往具體的目標前進，才能讓自己放心！

很多人不願意為自己規劃十年份的藍圖，用的藉口都是「人生這麼無常，不確定的因素這麼多，計畫永遠趕不上變化，我何必要做十年的規劃呢？」乍聽之下，看似有幾分道理。但只要認真想想，就知道實情並非如此。如果你真的對變化莫測的未來欠缺安全感，那更應該買「對的」保險，也就是真正適合自己的產品，透過足夠的保障，讓自己有勇氣、也有實力面對挑戰。

愈是認為人生無常的人，就愈需要更有遠見的藍圖，因為會有許多可能的路徑，通往不同的方向，也有可能殊途同歸，無論怎麼繞圈轉彎，最後都抵達同一個目標。當然，也可能柳暗花明又一村，發現新的可能。

這些變化，有的在規劃之中，有的則在意料之外，正因為你手中有一份藍圖，才會知道什麼在規劃之中、哪些是在意料之外，在規劃之中的，預備足夠的保障；在意料之外的，你才會有驚喜與感動。否則，每一次的變化，都會讓你如驚弓之鳥，措手不及！

#若對變化莫測的未來欠缺安全感，更應該買「對的」保險，

08

算命不是預測未來
而是釐清當下

從眼前的煩惱出發，透過命理諮詢的過程，
可以更深度的自我對話，釐清是什麼因，
造成這個果，以及如何改變自己的個性，
創造比較接近理想的未來。

很多人覺得算命、占卜等，都是迷信。但是，實情未必絕對如此。算命、占卜是不是迷信，端看當事人的態度，如果個性過度依賴，對算命、占卜的結果深信不移，當然是有礙於人生的自主與發展；倘若能以釐清內在想法的角度，找到閱歷豐富的專家詢問，不受限於命理闡述的框架，以跳脫傳統思維的方式尋找解決方案，在心緒茫然或思維混亂時，梳理出真正要面對的問題。

我有幾位信仰基督教的好友，曾經向我訴苦，當他們遇到人生很茫然的時候，也想透過命理師尋求解答，但因為與教義不符而感到矛盾不安，反而把自己困在煩惱裡，難以解脫。

不只是基督教徒會有此顧慮；其實佛教也講求因果，不鼓勵算命。佛教認為：禍福一念之間，只要你在當下做出改變，命運就會大不同。

二、三十歲時，我很熱衷算命，幾乎各種命理或法術，舉凡紫微斗數、塔羅牌、催眠、前世今生、手相、面相、測字、摸骨、養小鬼的、號稱通靈的……我都接觸過，算是繳了學費、也開了眼界。

尤其是三十幾歲剛創業之初，無論是工作、事業、情感、婚姻都充滿太多的未知數與不確定性，急著要長大成熟的我，很想透過算命，早點確定一些事情，避免走冤枉路。

後來因每一位大師批命論運的結果，不盡相同，徹底激發了我水瓶座的好奇心，非要盡速弄個水落石出不可。為算命而四處奔走的我，發現了一個通則：命理師講過去已發生的事情都比較正確，對於未來發展的預測，就未必都能精準。

問題是：過去已經發生的事，不用別人講啊，自己比誰更清楚不是嗎？花了大把鈔票之後，終於有了這前半段的領悟。至於後半段，未來的發展呢？命理師講得再多，都不會百分之百準確，因為只要我心念一轉、決定一改，未來的發展就不一樣了。

繳過學費、也開通眼界的我，終於學會用比較正確的態度看待算命。它的主要目的，不在預測未來，而是釐清當下。如果你找到正派而慈悲的大師論命，就會發現：從眼前的煩惱出發，透過命理諮詢的過程，可以更深度的自我對話，釐清是什麼因，造成這個果，以及如何改變自己的個性，去創造比較接近理想的未來。

當然，前提是你必須找到正派而慈悲的大師，不是為了牟利而危言聳聽的江湖術士，也要注意心懷不軌的神棍。想要辨識出騙子並非難事，只要是會讓你心生恐懼、感到壓力的，通常十之八九都是有問題的，就算他們不是騙子，也已經失去命理諮詢的真正意義。

另一個能夠透過算命，釐清當下的重要關鍵是：你必須學會問對問題。例如：我換工作好不好、該不該離婚、有沒有偏財運……這些都不是好問題！因為它們都很模糊籠統，既不夠具體、也不夠積極。

講到工作，你必須描述這個階段，心裡真正在意的是：薪資、職稱、升遷機會、工作內容，或是成就感。聊到婚姻，你必須面對自己能夠割捨、與不能放棄的項目。若是講到財運，你必須先梳理自己對金錢的看法，培養自己與財富做朋友的能力。

如果你具備上述的觀念與能力，好像就不用算命了，對不對？好像比較適合找心理諮商師吧？但無論如何，這個世界能夠解答你內心困惑的管道是很多元的，在某些時候，你需要一個有緣人來為你指點迷津。算命，只是其中之一而已。

現在的我，依然熱衷算命。但不是找大師幫我開導，而是學習很多命理、心靈、療癒的工具後，幫助主動前來找我的朋友解惑。

經過這麼多年的經驗累積，還是那句話：**「個性，決定命運。」我常勉勵朋友：「知命，而不宿命；論命，但不認命。」釐清當下所困惑的事情，是因於自己哪些個性造成的**。想要改變命運之前，還是先要改變個性啊。

 # 在心緒茫然時，算命能梳理出真正要面對的問題。

09

永遠保有夢想

在規劃未來十年的人生時，請記得把「夢想」放進去，
只要你保持熱情，繼續行動，
每一天、每一步，最後終將抵達。

夢想，很可貴。它可以讓你忍受眼前所有殘酷的現實，繼續驅動你往有目標的人生方向前進。但很可惜的是，許多人的「夢想」，其實只是「幻想」而已。簡單來說，「夢想」與「幻想」的一線之隔，端看以下兩個條件：一、是否能夠堅持初心；二、是否有具體的行動力。

我們之所以把它稱為「夢想」，跟現實生活中可以具體計畫，在三到五年中完成的目標，有些不一樣。「夢想」的規模會稍微巨大一點、與現實的距離會比較遙遠一些，要達成的挑戰也可能會比較困難，正因為如此，這也就是夢想的可貴之處。

心中懷抱真正夢想的人，不用靠編織故事向別人取暖，光是他的熱情就可以溫暖大家。面對現實的阻礙時，他絕對不會選擇怨天尤人，而是無視於別人嘲諷，努力跨過眼前的困境。

在規劃未來十年的人生時，請記得把「夢想」放進去，只要保持熱情，繼續行動，每一天、每一步，都可以像孵蛋般地幫助它成熟，最後終將抵達。

關於夢想，截至目前為止，我最喜歡的一句話是來自保羅．科爾賀在《牧羊少年奇幻之旅》寓言式小說：「當你真心渴望某件事，整個宇宙都會聯合起來幫助你完成。」

雖然在某些狀況下，整個宇宙在聯合起來幫助你完成之前，會先出現很多障礙與考驗，以測試你的渴望是否足夠真心。那些磨難出現的時刻，正是很多自我對話的過程。例如：「這個真是我想要的嗎？」「我的才華足夠達成這件事嗎？」「我是不是努力不夠？」「是我的方法錯了嗎？」「我還能堅持多久呢？」……

當你透過無數次的自問自答，所累積出來的答案，或許就是上天要回應給你的訊息。如果你堅定地通過所有的答案，最後影響你實現夢想的關鍵，其實在於：當你的夢想實現以後，可以帶給世人什麼樣的價值？它未必是物質上的成就，有時候是精神上的指標。

我在廣播節目上，經常訪問到實現夢想的人，家庭主婦變成馬拉松長跑健將、溫柔女子登上聖母峰（珠穆朗瑪峰）、素人變成網紅、工人變成作家、上班族變成畫家、歌手變成藝術家、偏鄉孩童變成世界知名的鋼琴家、麵包師傅成為世界冠軍得主……

從這些成功案例上，發現他們在實現夢想的途中，或許沒有刻意去精算自己可以獲利多少、也沒有特別去評估能為別人帶來什麼好處，但就是憑著一股熱情全心投入，彷彿是追尋自己的天命般，不計毀譽得失，全神貫注付出努力。

一旦成功之後，名利雙收之外的自我肯定，是他們最大的收穫；而因為實現夢想的成功經驗，鼓舞到其他心中也有夢想的人，則是附加的紅利。

有些人的夢想，會直接讓其他更多人受惠。例如：提供醫療服務給偏鄉、做出最好吃的甜點給客人、推動改革縮減城鄉差距、矢志讓愛滋病滅絕、闢建銀髮安養社區落實老有所終……這正是所謂的「有願，就有力！」夢想規模的大小，關乎願力的大小，當你的夢想可以幫助到更多的人，無形的力量就會倍增。

如果你的夢想需要能力，那就刻不容緩的去補足能力；如果你的夢想需要經費，請趕快積極去賺錢或募款。如果你的夢想需要時間，在等待時間促成因緣的過程，你要更堅定自己的初心。

現在，拿起筆紙，寫下你的夢想。一張紙條，就能視覺化你的願景。它可以時時刻刻提醒你的初衷，也可以整理你的思緒，讓左腦與右腦取得共識，將夢想的訊息注入潛意識中，開始改變你的行為、貫徹你的努力。

然後，就等整個宇宙聯合起來幫助你完成吧。

#心中擁有夢想的人，光是熱情就足以溫暖大家。

10

寫一封信
給未來十年後的自己

人生確實無法完全按照規劃前行，但你可以決定在何處轉彎。
從偏離航道的紀錄，留下曾經認眞取捨的心情，
這比是否達到原訂的目標更爲重要。

曾經有讀者聽完我的演講之後，在Q&A時提問：「若權大哥，這十年來，你曾經有過讓自己後悔的事嗎？」

從理智上思考來看，我已經非常盡力，要讓自己活得無悔無憾，或許是深入學習靈性課題的關係，所以勉勵自己時時刻刻保持覺知，因此，真正能教我感到後悔的事情，幾乎是沒有吧。那麼，我應該直接脫口而出：「沒有啊，我沒有後悔的事。因為人生中的每個決定，都是我認真思考過的。」

幸好，我沒有這麼回答。或許人生中可以透過理智決定每個難題，而且也認真以待地做出選擇，但，還是有一些不能以理性評估是非對錯的時刻，事後想來依然非常難過。因此，我停頓了一秒，真誠地說：「有一件事讓我很後悔。大約十年前，有位讀者罹患憂鬱症，她常來問我問題，請求協助；而我也盡力跟她碰面，還花很多時間準備，想辦法鼓勵她、幫助她，並且介紹最優秀的諮商心理師給她。可最後她還是自殺了。」這件事，多年來一想到都讓我心痛。

即使之後的我更加努力地學習心理諮詢、靈性療癒，拿到中國、英國與美國的證照，也無法完全彌補我的內疚。我常自問，如果回到那時候，還可以多做些什麼呢？或許，我應該更積極與她的家人連繫，並且跟那位讀者說二十四小時都可以打電話給我……但我沒有，那時我擔心過度介入她的生活、也擔心自己半夜被打擾，偏向保守的量力而為，這成為我深深的遺憾。

原來，面對生死議題，是不論多麼盡力，還是會有所遺憾的。這件事也讓我回想到更久之前，約是十八年前的往事了。父親突然身體不適入院，幾個月後離世。儘管那段時間，我盡力付出時間、心力與金錢，但他走了以後，我還是覺得自己應該可以做得更好。

這是屬於我的後悔。而你，會為什麼事情後悔呢？一次沒有表達的愛意、或歉意，一段沒有用心經營的關係，一份沒有付出全力的工作，一項沒有好好發揮的天賦，或是，一個沒有好好管理健康的身體？

人生，確實很無常。有些事情，是不論我們事前如何防備，多麼努力準備，一旦發生後，都還是會讓自己痛到揪心。可是，有一些遺憾，只要我們能提前規劃，就可以避免。如果我們能早一點就能分辨出這兩種事件的差別，或許遺憾仍在所難免，但願至少可以讓後悔少一點。

不如現在試著寫一封信吧，給未來十年後的自己。告訴他，你未來十年的目標是什麼？而你對他又有怎樣的期許？這會是莫大的鼓勵、也能是有所警惕。跟那些渾噩度日的人相比，你會因為這封信，而更有明確的目標，以及敏銳的覺察。

千萬不要因為聽信人說「人生無法規劃」，就不規劃了，那才是一種不負責任的人云亦云。人生確實無法完全按照規劃前行，但你可以決定在何處轉彎。從偏離航道的紀錄，留下曾經認真取捨的心情，這比是否達到原訂的目標更為重要。

未來的十年，都是由現在開始的每一天堆疊出來的。如果你希望十年後的自己，回看現在的這一刻，內心沒有太多的後悔，就要謹慎地看待當下的每一個起心動念。

無論是工作、情感、婚姻、家庭、或自己內在靈性的成長，這一封帶有「十年之約」的私密書信，最重要的功能與意義，並不是在十年後幫助你檢驗自己是否抵達目的地，而是從現在開始，到未來的十年，都能按照自己的目標前進，陪著自己長大。

即使，有些目標改變了、有些心情不一樣了，但至少你會知道自己在生命中飛行的航道，曾有過怎樣的經歷，以及在那些決定取捨的當下，有過怎樣的掙扎，每一個改變的抉擇，都是在累積生命的智慧。

但願十年後的我，依然無悔於自己熱愛寫作，寧願固守品格的原則不做傷害他人的事，即使被占便宜或羞辱，還能心安理得、自享其樂。或許十年後的我，還是一個人，至少要能夠深深感謝——向所有我愛過、以及愛過我的人。

 # 提前規劃與準備，就能避免一些遺憾。

結語

我也是這樣一路走來的

時光，永遠無法回到過去。
經驗，卻可以幫助我們重新學習。
雖然，每個人的劇本都不會相同，
但是超越困境需要的勇氣與智慧，卻有著共通性。

終於，來到我們暫別之前，可以與你好好談心的時刻。

這是我的第一一四號作品，從出版社來提案，確定書寫的主題，正式下筆到完成，花了超過半年以上的時間，是我開始進入出版界到現在，寫作歷時最久的一部作品。

而且每一篇文章、每一個忠告、每一則分享，都讓我重返二、三十歲的生命現場，再一次經歷當時難過的心情。這個過程，彷彿也在療癒著自己的內小孩。

在每個觀點的句號後面，似乎都在對著自己的內小孩說：「來，繼續向前走吧！別再擔心害怕啊。你看，再難過，也終會度過，對嗎？」

即使我已經活到熟齡的階段，每當聽見前來找我諮商的個案，訴說著他多麼難過的心情，就好像遇見過往的自己。尤其，傾聽他們說這一生不斷重複的夢境都是：「在考試中，下課鐘聲響了，卻發現考卷還沒寫完……」或是「趕著去搭車、或飛機，疲於奔命地趕到車站或機場時，車子或飛機已經開走了，只能無助地目送自己的夢想離去……」我就知道這世界上，不論年齡、性別、家庭背景，有太多人都跟我一樣，在成長過程中，留下些許遺憾與創傷。

如果，人生可以重來一次，在遇到困難的當下，我能不能重新做出不同於過往的決定，讓自己的傷心與悔恨都少一點呢？

時光，永遠無法回到過去。經驗，卻可以幫助我們重新學習。所幸人生的難題看起來好像很多，解答的技巧卻沒有想像中複雜。雖然，我和你的人生劇本並不相同，但是超越困境所需要的勇氣與智慧，卻有著共通性。只要你願意同理這些經驗，參考當時我是如何度過的，相信你也可以在自己的難題中，得到舉一反三的解答。

回想起來，到目前為止，我的人生有三段黑暗期：青少年時期，成績嚴重落後，又不斷被師生霸凌；上班族後期，對工作感到嚴重疲乏，又要面對辦公室的人事傾軋與鬥爭，決定離開職場創業的過程；至親病老期，從母親中風、父親過世，到母親罹癌後，面對生命最深刻的痛苦。

好像是開著一部車，不斷穿入幽暗的隧道，既看不見前方的出路、也不知道現下的作為是對是錯，漆黑一片的車窗，迎面而來的都是恐懼、茫然、憤怒、不安的幻影，即使一直告訴自己：「這不是真的。」但，它們還是不斷重複出現。

我也曾那麼地害怕過，生命的無常，讓我像隻驚弓之鳥。些微的風吹草動，就可以讓我不知所措地揮動翅膀，掉落一地羽毛，卻不知道該往哪裡飛翔，才是真正屬於自己的方向。

直到有一天，我駕車陪病中的母親，去東北部小旅行，經過很長的隧道。因為生病而情緒憂鬱的她，在黑暗中無助而驚恐地多次低聲詢問，近乎要哭了那樣地說：「這隧道這麼長、這麼久，什麼時候才能走出去？」

儘管在漫長漆黑的隧道中，連我都感到莫大的壓力，但為了安撫她，我仍耐心地教她數著隧道牆上標示的公里數字，以倒數的方式，給自己即將度過難關的信心。

五、四、三、二、一，終於我們的車子駛出隧道，重見光明。回想剛才的恐慌，猶如人生的黑暗期，經歷痛苦的時候，我們都會希望知道：歷程的距離有多長；時間還要熬多久；以及，萬一有新的變數時，該怎麼因應？如果這些問題，能早點有一、兩個線索或答案，就不會那麼恐慌，才能定下心來尋找或嘗試度過難關的方法。

儘管此刻的我，常為他人解惑。但，其實我年輕時，絕對沒有比現在的你，更聰明、更幸運、更強大，反而是要感謝那些駑鈍的過程，讓我在跌跌撞撞中，深刻體會所有的難過，才能漸漸懂得如何陪你一起度過。

到現在我更覺得：每一顆柔軟的心，都像是一支看似嬌嫩、卻無比堅強的玫瑰。苦難，就像是小王子的化身。正因被他悉心照顧過，玫瑰因此而獨特。

總有一天你會明白：再難過，也終會度過。那些令我們感到難過的人或事，都是此生最珍貴的鍛鍊，唯有認真面對，積極超越，才能讓我們在度過之後，回頭看見經歷過痛苦的自己，因為奮力掙脫黑暗，而讓生命擁有最獨特的璀璨。

再難過，也終會度過

總有那些迷惘、不知所措的時刻——給不知不覺成為大人的你

作　　者　吳若權 Eric Wu
發 行 人　林隆奮 Frank Lin
社　　長　蘇國林 Green Su

出版團隊

總 編 輯　葉怡慧 Carol Yeh
企劃編輯　鄭世佳 Josephine Cheng
責任行銷　陳奕心 Yi-Hsin Chen
封面設計　張巖 CHANG YEN
版面構成　張語辰 Chang Chen

行銷統籌

業務處長　吳宗庭 Tim Wu
業務主任　蘇倍生 Benson Su
業務專員　鍾依娟 Irina Chung
業務秘書　陳曉琪 Angel Chen
　　　　　莊皓雯 Gia Chuang
行銷企劃　朱韻淑 Vina Ju

發行公司　精誠資訊股份有限公司　悅知文化
　　　　　105台北市松山區復興北路99號12樓
訂購專線　(02) 2719-8811
訂購傳真　(02) 2719-7980
專屬網址　http：//www.delightpress.com.tw
悅知客服　cs@delightpress.com.tw
ISBN：978-986-510-055-1
建議售價　新台幣360元
首版一刷　2020年04月
首版14刷　2023年04月

國家圖書館出版品預行編目資料

再難過，也終會度過 / 吳若權 著 -- 初版.
-- 臺北市：精誠資訊, 2020.04
面；　公分
ISBN 978-986-510-055-1（平裝）
1.自我實現 2.生活指導
177.2　　109001197

建議分類｜心理勵志

《再難過，也終會度過》趣味心理測驗

STEP01 可以直接掃QR CODE，進入網站測驗。或是，跟著書中的腳步，再掃描QR CODE，檢視自己再難過，所需具備的戰力分析。

STEP02 你將會獲得專屬於自己的戰力雷達圖，有五種能力的分布圖唷。

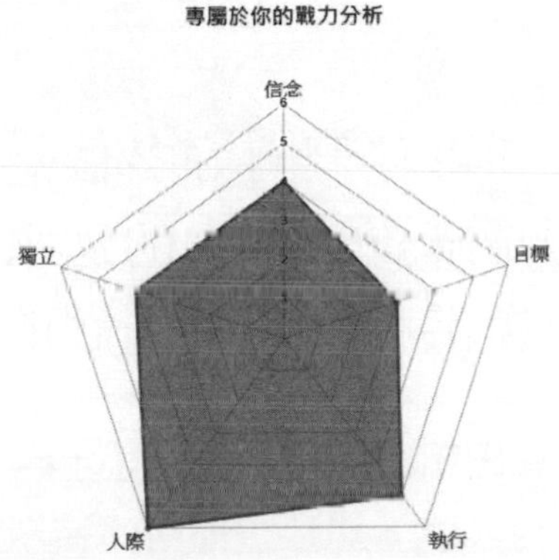

STEP03 最後，你將會獲得作者所給予的誠心建議唷！

度過難關時，
你所具備的戰力解析

【信念力】★★★★

特質：代表對心靈層面的重視程度，得分高的人，個性率真，有夢想。

建議：執行計劃時，需要更重視細節，統整資源，並輔以團隊的合作。

現在，一起來玩吧！

悅知文化
Delight Press

線上讀者問卷

悅知夥伴們有好多個為什麼，
想請購買這本書的您來解答，
以提供我們關於閱讀的寶貴建議。

請拿出手機掃描以下QRcode
或輸入以下網址，即可連結至本書讀者問卷

https://bit.ly/2UcBz4L

填寫完成後，按下「提交」送出表單，
我們就會收到您所填寫的內容，
謝謝撥空分享，
期待在下本書與您相遇。

當我處境艱難，快撐不住的時候，腦海中總會浮現這句話：「再難過也會度過！」衷心感恩若權老師的指引！

—— 黃淑枝，高雄市

謝謝作者提供了一些方向，讓自己重新去思考，去重新好好審視自己未來的下一步。

—— 陳淑君，新北市

希望下次也剛好在我迷茫時出書就好了(笑)

—— 江抒涵，台中市

書籍排版視覺感受良好，跑馬燈位置的重點式關鍵句，讓人有抓重點的功效，本次選擇的「藍」色可以沉澱思緒！當然文章本身就是精華之要！

—— LILY HSU，台中市

很喜歡的一本書，閱讀過程很舒服，亦有所得益。

—— Ko chung yin，台北市

（※以上內容，皆已取得當事人同意轉載）

來自讀者的話

《再難過，也終會度過》

感謝您的書與話語走入我的內心，得以看見最真實的自己。正視內在情結，原來自己是值得被肯定與掌聲，多給自己一些自信因子，在未來的路上能獲得成長。有願就有力，感恩您。

—— 李美芳，雲林縣

透過自我成長課程中練習覺察時發現，潛在性的自信不足中，「說話」是原因之一。透過若權老師的影片，驚醒疼惜自己是有意義的。而若權老師對作品的用心，不論在書籍或影片中，我都深深感受到。

—— Grace Hsu，新北市

我是來自香港的讀者。感恩在書店與這本書相遇，一下子就被書名所吸引。第一次看若權老師的書，有不少讓我有共鳴、會心微笑的篇章。謝謝老師的用心，以自己生命的經歷，再搭配真誠溫暖的文字，鼓勵我們即使人生有充滿很多迷惘、難過的時刻，仍有力量能夠跨過。

—— 小玫，香港